中央高校基本科研项目"'新文科'背景下语言学+认知神经科学+心理学的跨学科研究实践"（2022CDJSKPT26）

2023年重庆大学中央高校基本科研项目"人民调解中的话语冲突特征与解决机制研究"（2023CDJSKJJ26）

生态语言学的跨学科融合

解构和重构

Interdisciplinary Integration of
Ecological Linguistics:
Deconstructing and Reconstructing

蒋　婷　金上然　杨银花　○著
张　慧　范博睿

中国社会科学出版社

图书在版编目（CIP）数据

生态语言学的跨学科融合：解构和重构／蒋婷等著.
北京：中国社会科学出版社，2025.4. -- ISBN 978-7-5227-4085-0

Ⅰ.H0-05

中国国家版本馆 CIP 数据核字第 2024BU7973 号

出 版 人	赵剑英
选题策划	张　玥
责任编辑	王　越
责任校对	朱妍洁
责任印制	戴　宽

出　　版	中国社会科学出版社
社　　址	北京鼓楼西大街甲 158 号
邮　　编	100720
网　　址	http://www.csspw.cn
发 行 部	010-84083685
门 市 部	010-84029450
经　　销	新华书店及其他书店
印　　刷	北京明恒达印务有限公司
装　　订	廊坊市广阳区广增装订厂
版　　次	2025 年 4 月第 1 版
印　　次	2025 年 4 月第 1 次印刷
开　　本	710×1000　1/16
印　　张	14
插　　页	2
字　　数	172 千字
定　　价	79.00 元

凡购买中国社会科学出版社图书，如有质量问题请与本社营销中心联系调换
电话：010-84083683
版权所有　侵权必究

前　言

生态语言学旨在表达、探究和揭示生态问题，探索和发现语言系统和生态系统的边界，其在构建新的生态化语言及生态文化的路上发挥着至关重要的作用。随着语言生态问题与环境生态问题的不断凸显，生态语言学的影响力已越来越大，这引发了专家学者们对生态的日益关注。其中，由美籍挪威语言学家豪根等学者所引领的生态语言学属"隐喻式"，他们倾向于将语言和言语社区类比作生物和自然环境，研究的是语言内部的问题。而由英国语言学家韩礼德等学者所建构的研究范式为"非隐喻式"，他们强调人类的所作所为、所思所想由人类与其他群体以及自然环境的关系所决定，语言也对这些关系产生重要影响。由此"韩礼德范式"提倡人们从生态批评角度分析话语，尝试通过改变语言系统模式和语言使用方式寻求更适合生态描述的语言，并分析生态系统中各个成分的职能和相互关系来展示（生态）话语的和谐因子（黄国文、赵蕊华，2019）。如今，随着"生态"概念的泛化，"课堂生态""媒介生态""传播生态""网络生态""国际生态"等概念涌现，进一步推动了生态语言学与教育学、心理学、传播学、国际关系学等学科的碰撞与融合。由此，生态语言学的研究框架与范式进一步拓展，生态语言学之跨学科属性乃至超学科性质也逐步得到认可，从而为其解决更复杂的生态问题与社会问题奠定了基础。因此，对生态语言学的跨学科融合进行解构与重构具有显著的实际意义与一定的理论价值。

从本质上看，生态语言学是一门以语言学视角关注生态系统的学科，"语言"是方法亦是突破口，"生态"为目的更为落脚点。但从国内外研究现状看，生态语言学研究存在一定的同质化趋势，并呈现学科性质失衡的状态。一方面，学者们对自然生态的关注远远大于社会生态；另一方面，生态语言学的"生态学"属性减弱，对语言学领域的理论框架依赖性强。尽管语言学家们已经充分基于系统功能语言学，建构了生态话语分析的研究框架，对各类生态话语进行了较深入的研究，但是截至目前，与自然环境直接相关的话语如海洋生态话语、气候变化新闻、官方环保报告等依然是他们关注的重点，至于社会生态在生态话语研究中并未激起强烈的"学术水花"。此外，生态语言学中的"生态"术语不仅是在语言学中涉及自然、社会、文化的多元概念，也是生态学的研究焦点。但在生态语言学的相关研究中，生态学思维成为一个薄弱环节，生态学中占据重要地位的"生态位""生态给养"等思想并未被应用于实际研究中。因此，有必要对生态语言学研究进行重构与再挖掘，凸显其跨学科性质与超学科属性。

生态语言学科与不同学科相结合的适配性，得益于其内在的建构主义思想，有赖于其强大的应用性。一方面，生态语言学强调现实环境是人的主观意志与语言文化主动建构的产物，具有客观性与主观性；另一方面，语言在其中获得了构成人与世界存在的本体论地位（夏宁满，2022），具有物质性与建构性。因此，在生态语言学视域下，语言不仅是描述不同学科现象的工具，更是建构不同学科概念的本体。生态语言学的兴起是人类生态环境恶化的结果，是对技术快速发展之于社会文化解构性反思的结果（王馥芳，2017），它从发轫便以环境问题为导向，又吸收了系统功能语言学的理论思想，因而更具适用性以及与不同学科融合的潜力。综上所述，基于生态语言学的思想基础与应用本质，我们可从理论视角与实践应用两个方面进一步强化生态语言学的跨学科属性。

本书以生态语言学这一学科视角为起点，综合不同学科对生态、社会、语言、文化进行探讨，尝试建构更具有生态学特色的理论框架与系统模式；又借助翔实的社会调查和语料库的分析方法，对语言所折射与建构的自然生态与社会生态展开不同维度的生态性探索。

就理论创新而言，本书着重聚焦"生态位"思想与"生态给养"理论，并尝试将这两个概念分别与系统功能语言学、认知语言学以及教育学理论结合，依次建构了"态度系统语言生态位""三元互动生态位框架""高校生态课堂模式"。且本书分别以非环境类话语中的一大典型——广告话语以及环境类话语中的特殊形式——昆虫汉语俗名，进一步验证了不同创新型理论框架的可靠性与有效性，又以高校英语专业课程之一——专门用途英语课程，进一步具象化高校生态课堂教学模式，可谓用理论指导实践，又用实践检验理论。

从实践拓展来看，鉴于生态语言学研究最有效的方式之一是解析生态话语，因此，本书以生态话语分析为指导，关注两种语境（英语与汉语）下的两大生态（自然生态与社会生态）。在英语语境下，本书以人工智能科普话语为例，反思语言所建构的破坏性生态意识形态以及所造成的生态破坏。而在国内学者的努力下，生态语言学逐渐向本土化发展，不仅开始关注各类话语形式的生态分析，也逐渐形成了中国本土化的和谐话语分析范式。因此，在汉语语境下，本书分别以中国网络生物谣言文本以及重庆璧山区的人民调解话语为例，揭示话语对建构人与生物和谐共处、人际关系和睦共赢状态的重要性。

本书不仅致力于生态学与语言学交叉融合的理论创新，也在实践拓展中纠正生态语言学研究中对自然生态与社会生态关注的失衡问题。综合本书不同研究的结果可以发现，语言不仅是人类体认现实的产物，更是建构社会生态的方法。无论是广告话语、民间俗称、课堂教学，还是科普话语、谣言话语、调解话语，语言生产者所选择的语言形式有益与否，最终关系到整个生态环境的发展。因此，要想借助话语的力量遏制生态破坏、环境恶化、社会动荡，实现语言的建构性作用，就必然要求社会大众具备较高的生态文明素养以及有益的生态哲学思想。

目 录

第一章 绪论 ………………………………………………（1）
  第一节 生态语言学之概览 ………………………………（1）
  第二节 生态语言学的原理、路径与目标 ………………（5）
  第三节 生态语言学视域下的生态话语分析 ……………（11）
  第四节 本书的篇章结构 …………………………………（15）

第二章 理论创新 …………………………………………（17）
  第一节 生态学与语言学 …………………………………（17）
  第二节 生态学与生态课堂模式构建 ……………………（74）

第三章 实践拓展 …………………………………………（110）
  第一节 综述 ………………………………………………（110）
  第二节 英语话语生态性探究 ……………………………（111）
  第三节 汉语话语生态性分析 ……………………………（134）

第四章 总结与展望 ………………………………………（174）
  第一节 研究总结 …………………………………………（174）
  第二节 研究局限与展望 …………………………………（180）

参考文献 …………………………………………………（183）

第一章 绪论

第一节 生态语言学之概览

从原始文明到工业文明,人类与自然的互动从未停止,而人类对自然的控制却愈演愈烈,自然对人类活动的消纳能力则日渐式微。自人类活动量超过生态系统的承受能力之时,生态破坏演变成生态环境危机,将人类的罪责一一呈现,自然对人类的惩罚悄然开始。这种情况发生在18世纪末19世纪初工业革命兴起时。从18世纪下半叶到19世纪,英国首先开启了产业革命,并带动了后续欧洲、美国、日本等国家的工业发展。随着资本主义大工业的迅速崛起,在工业生产中所产生的废气、废水、废渣不加节制地排放,致使环境污染日益严重。20世纪以来,能源的变化以及第二次世界大战的落幕催使各国进一步提高了对资本的需求、加速了对工业的发展,这导致污染范围再次扩大,牵涉的国家不断增加。但直至20世纪60年代,环境危机才逐渐引起人们的重视。从20世纪60年代美国的"寂静的春天事件",到70年代"拉夫运河"事件,再到80年代"环境公平"事件,90年代的"绿色政党"事件,直至21世纪的"生态外交"事件,全球不断出现的与环境相关的活动和事件,一步步引发了民众环境态度的变化与转变（刘涛，2011）。现如今，世界已进入第四次工业革命时代，更是人类从工业文明向生态文明过渡的关键时期。我们在享受工业文明带来的经济突破与科技创新的同时，也意识到经济建设与生态文明并举的重要性。人们在满足自身需求的同时，也开始关心我们赖以生存的生态环境（黄国文、赵蕊华，2019）。而且随着"生态"成为一种科学的思维方式，"生态"二字有了更广泛的学术意义（胡庚申，2010），掀起了社会、经济、文化各个领域对生态环境的关注。在这一背景下，传播学、文学、翻译学等人文学科在寻求与"生态"共鸣的过程中碰撞出新的火花，绿色营销、环境传播、生态批评、生态翻译学层出不穷。生态语言学也是在这样的背景下产生的，并逐渐成为语言学者关注和研究的焦点，从而致力于研究语言系统中和语言使用过程中的生态性质（黄国文、赵蕊华，2019）。

"生态语言学"（ecolinguistics, ecological linguistics, 基于豪根、韩礼德理论）又称"语言生态学"（the ecology of language, linguistic ecology, 基于韩礼德、豪根理论），作为自然科学和人文科学的交叉领域，是最近几十年新发展起来的语言学研究分支（黄国文、陈旸，2017）。作为一门新兴学科，其学科定义、研究路径、理论框架仍在不断探索中。目前，就生态语言学的学科定义而言，豪根和迪尔（Haugen & Dil, 1972）指出"语言生态学"是一门研究任何特定语言与其环境相互作用关系的学科。这里所提的"环境"是指"使用某一语言作为语码的社会"。亚历山大和斯提比（Alexander & Stibbe, 2014）则在高度凝练总结豪根定义的基础上，将"相互作用关系"这一术语延展为"生命可持续关系"这一内涵，突出了"生态"的要旨，即"生态语言学"是一门研究语言在生命可持续关系互动中作用的学科。此处所指的"互动"，既包括人与人之间的互动，也包括人类与其他物种和环境之间的互动。根据其理论指导、研究目的、研究途径和研究范围的不同，菲尔和穆尔豪斯勒（Fill & Mühlhäusler，2001）将生态语言学的研究模式大致分为两种："豪根模式"与"韩礼德模式"。前者将语言和言语群落作为生物环境和自然环境进行比较，致力于语言调查与濒临语言保护的研究，如语言灭绝、语言混淆等（Haugen & Dil，1972）。后者强调人类的行为、想法是由人类与其他群体和自然环境的关系决定的，而人类的思想和行为也对这些关系产生了重要影响。因此，其主要采用生态话语分析的方式揭示语言的生态属性（Halliday，1990；Alexander & Stibbe，2014），鼓励人们从生态批评的角度来分析话语，通过改变语言系统和语言使用的模式来寻找更适合生态描述的语言，分析生态系统中各组成部分的功能和相互关系，以显示（生态）话语的和谐因素（黄国文、赵蕊华，2019）。

如今，生态语言学已然成长为一门独立学科，其在国内外均经历了从形成到发展再到成熟及多样化等历程（黄国文、赵蕊华，2019）。从生态语言学研究模式的初步形成来看，美籍挪威社会语言学家豪根与英国知名系统功能语言学家韩礼德是先驱人物。豪根于1972年发表的"The Ecology of Languages"一文从源头上促成了语言与生态的融合，从隐喻的视角关注"似生命体"的语言系统及其产生、进化、发展过程中与其言语社区的关系，包括语言多样性、消亡濒危语言保护、语言进化、语言活力、语言规划、语言推广、语言纯洁与净化、语言与现实世界的互动关系、语言多样性与生物多样性的关系、生态系统与文化系统等。韩礼德则于1990年提及从系统功能的逻辑焦点出发关注语言与现实生态环境的互动，以及语言使用与生态环境恶化的内在联系。

他一方面批判了语言中施事往往会以人为主；人称指示语会有人与非人的差异；词法中将一些自然资源列为不可数名词，加重了人们对资源的取之不尽用之不竭的误判；也批判了名词化实际抹掉了人类活动的痕迹。另外，他也强调了三种话语分析的出发点：一是基于语法的生态思想，他批评语言中具有增长主义和等级主义；二是基于语境的话语分析，强调话语分析需要具备生态整体主义，从文化语境、情景语境和上下文语境来思考；三是基于系统类型的分析模式，强调从物理系统、生物系统、社会系统和意义系统思考语言。随着"豪根模式"与"韩礼德模式"的确立，生态语言学由此迎来了迅速的发展，学者们也分别以语言保护和语言学视角下的生态保护为话题展开研究。现下，对"韩礼德范式"的生态语言学有了更深入的研究，并由此延伸出微观生态语言学、中观生态语言学和宏观生态语言学（黄国文、赵蕊华，2019）。阿伦·斯提比（Arran Stibbe）、乔根·彻·邦（Jørgen Chr Bang）、威廉·特兰珀（Wilhelm Trampe）等学者的研究更偏微观，重点关注语言的语义、词法、句法和音系的生态性。斯蒂芬森（Sune Vork Steffensen）是宏观生态语言学的一大代表人物，其思想可以概括为哲学观、科学观、语言观和生态观四个方面，其专注于对语言和认知生态的系统探索。而中观视角则突出语言解决实际问题的应用潜势，艾伦·菲尔（Alwin Fill）对生态语言学的理解与主张属于中观生态语言学研究的范畴（黄国文、赵蕊华，2019）。且21世纪以来，认知生态语言学、多模态生态语言学、生态修辞学等研究模式将生态语言学研究带入了新的阶段，生态语言学研究由此呈现出更多元、跨学科的趋势。

中国生态语言学的发展在向世界源源不断传播"中国声音"的过程中体现出浓厚的"中国特色"。鉴于中国地大物博，各地方言众多，中国的生态语言学研究者最先基于"豪根模式"展开方言保护、语言政策、语言规划等研究，并以李国正于1991年出版的《生态汉语学》为标志形成较为完善的分析模式。近年来，"韩礼德模式"的生态语言学研究则掀起了新的热潮。以澳门城市大学的黄国文教授以及北京外国语大学何伟教授为代表的生态语言学家们进一步促进了生态语言学与系统功能语言学的融合发展。黄国文（2018）通过梳理话语分析、批评话语分析、积极话语分析以及生态批评话语分析的路径、目标，勾画出中国语境下的和谐话语分析模式，是在构建"命运共同体"和坚持"人与自然和谐共生"背景下的本土化学术思考（黄国文、赵蕊华，2019）。何伟与魏榕（2017）促成了"生态"概念的"国际化"，将聚焦人类与自然环境关系的环境话语拓展至有关国家之间关系的国际生态话语，是在坚持"共创普惠平衡、协调包容、合作共赢、共同繁荣的发展格局"背景下的社会化学术延展。王馥芳（2017）和王寅（2018）等认知语言学者也关注到生态语言学的发展态势，并根据认知语言学与生态语言学的理论动因与学科本质寻找两者可借鉴之处，由此进一步推动了认知生态语言学的发展。亦有一批学者，如雷蕾与苗兴伟（2020）、李淑晶（2021）、赵常友与刘承宇（2020）等也在积极推动中国生态哲学与生态话语分析的融合。

第二节 生态语言学的原理、路径与目标

生态语言学是一门生态学与语言学交叉融合的学科，它的成长与壮大不仅具有语言学原理，更吸收了生态学原理，且其在中国土壤下扎根发芽亦离不开它内嵌的"唯物主义"哲学原理。

就生态语言学的生态学原理而言，生态学的三个原则是生态语言学中指导语言研究的重要思想，包括"多样性""互动性"和"整体性"（王宏军，2019）。

第一，在生态学中，物种多样性是生态系统稳定性的量度指标。丰富的物种多样性为生物资源的开发利用提供了基础，更是人类生存发展的重要依赖，因此生态学者们十分重视物种多样性的维持。将此概念沿用至生态语言学中，生态语言学者确定了生态语言学研究的基本原则之一：确保世界语言的多样性以及各类语言发展的平衡与稳定。首先，作为人类与物质世界的纽带，语言及其多样性与物种及物种多样性不仅具有相似性，更具有相关性。已有研究证实，语言多样性的增加能够推动物种多样性的发展，反之则破坏物种多样性（和继军等，2020）。其次，作为文化的代码，语言及其多样性又代表着文化的争鸣及世界文化发展的动力，两者之间是一种协同的作用。一方面，语言不仅仅是一种沟通方式，它也可以传达文化中的传统、理念、价值观等信息，由此促进不同文化间的交流与认同（吉尔斯·格雷尼尔、刘国辉，2018）。另一方面，文化本身就是语言的一种形式，它可以是书面文字，也可以是说话方式、表情、姿态等。因此，语言多样性和文化可以互相促进，拓展人们的世界观，增强对多元文化的理解。此外，作为一种社会经济现象，语言本身也具有经济特征，即价值、效用、成本和效益（张卫国，2015）。而语言的多元化不仅有助于促进不同民族、国家、文化的交流，从而促进贸易互通，提高所在地区的经济水平，也能够由此拓宽经济社会的界限，让更多的人参与其中，从而促进和改善全球经济环境。且已有研究表明，语言多样性与国家经济社会发展指数之间确实存在一定的关联（曹贤文、张璟玮，2020）。可见，语言的多样性与社会经济发展同样相辅相成。

第二，同样，生态学强调物种与环境之间的"互动性"。生态学家们曾提出"生态位"概念，"注重研究环境和有机体之间相互影响、相互作用的关系，认为自然选择与生态位构建共同对进化产生作用"（赵豆，2018：38）。由此可见，生态位具有双重性，其第一重性关注环境因子集合对生物的影响，第二重性则强调生物对其栖息环境、代谢环境、生物环境潜在的影响和功能作用（李文蓓，2018）。有机体与其生存环境的双向耦合作用对作为存在的语言与环境的互动具有借鉴意义，正如李国正（1991）所述：

> 现代生态学往往以自然界的三大本原：物质、能量、信息为基础，研究生物系统与环境系统的相互作用和运动规律，同时把在地球生态系统中处于重要地位的人群系统作为研究对象，探索人与自然的相互作用以及运动发展规律，这就奠定了用生态学原理来观照和研究语言系统的根本基石。

基于此，生态语言学家亦提出"语言生态位"概念，以此聚焦语言与自然、社会、文化、人群环境的相互影响。有关"语言生态位"的讲解将会在第二章展开，此处暂不赘述。

第三，关注自然、社会、文化、人群对语言的共同作用也是从"整体性"的视角看待语言系统产生、发展及衰亡的重要思路。在生态学中，生态系统是一个整体的功能单元，其存在方式、目标和功能都表现出统一的整体性，是生态系统最重要的特征之一。与此相类似，语言学也注重发掘语言的整体性。一方面，语言自身存在一个完整的系统，语言的"系统论把研究和处理的对象以及系统中的要素当作一个整体系统来对待"（张彩华、黄国文，2019：44），强调语音、词汇、语义、语篇、语境的整体性；另一方面，语言与其外部环境形成一个更大界面的系统，将"语境"的范围进一步扩大到社会、文化、现实、认知等领域，全面剖析语言在生态系统中的位置与状况。

就生态语言学的语言学原理而言，语言相对论以及"大语言学"的发展趋势是两大重要概念。语言相对论，又称"萨丕尔—沃尔夫假说"，强版本认为语言决定思维，弱版本将"决定"调整为"影响"。就现阶段的语言学发展而言，弱版本更为语言学家所接受，且"语言影响思维"的观点也被生态语言学所吸纳与补充，进一步拓展为"语言生态建构论"（王馥芳，2017），强调语言通过影响人们的思维方式进而主动地建构现实。而这也催生出生态语言学的一大特点，即通过分析语言使用来反映更宽阔的"生态"理论形态，这亦呈现出生态语言学对建构"大语言学"所进行的尝试。"大语言学"的发展目标由索绪尔创立结构主义语言学伊始，注重洞悉语言的复杂性与多面性，睿智而辩证地厘清附着在语言实体上的各种附加物，包括政治、制度、文化、物理环境等（苏新春，2020）。这些"语言"以外的因子围绕着"语言系统"与"语言使用"而公转，并在此过程中影响语言或被语言所影响。由此，自索绪尔创立结构主义语言学以来，世界语言学一直强调语言及语言学的所有问题都需要从语言的功能、意义、应用，从语言生存的大环境来考察（苏新春，2020）。可见，这一"大语言学"思想与生态语言学的内核不谋而合。

从生态语言学之生态学原理与语言学原理来看，语言虽是人类认知世界的产物，却脱离其抽象化，走向实体化，遵循唯物主义的哲学观。唯物辩证法指出"与万物普遍联系"和"按自身规律永恒发展"是世界存在的两个总的基本特征。而作为世界重要存在的语言，也体现着辩证性质。这在生态语言学的内涵与研究实践中展露无遗。生态语言学强调语言从自然、社会、文化环境中获取信息资源，通过人群的语言交流、接触，对各种新信息和语言资源进行反复更新、筛选，遵循用进废退的自律性把新的资源归入语言系统中。同时，生态语言学也强调自我更新后的语言，在人群中再一次通过交流与接触的方式形成传播，进而又对自然环境、社会环境和文化环境产生影响，积极地构建现实（李文蓓，2018）。此种语言与人群、自然、社会、文化的联系具有客观性、普遍性和多样性。"豪根模式"的目标之一便是要调查、记录及拯救地球上濒危的语言，努力保持语言与世界联系的多样性（黄国文、赵蕊华，2017）。"韩礼德模式"下的研究者把语言当作社会乃至整个生态系统的一个组成部分，在关注联系的客观性的同时，强调语言对环境保护与环境恶化问题的作用和影响（黄国文、赵蕊华，2017）。邦（Bang）、特兰珀（Trampe，2014）和斯蒂芬森（Steffensen，2016）等人的研究涉及面更广，上至哲学伦理，下至语言与人的心灵（黄国文、赵蕊华，2017），更关注联系的普遍性。而矛盾（对立统一）则是事物普遍联系的根本内容。所谓矛盾，在辩证法中是指"事物内部或事物之间的对立统一的辩证关系"；矛盾的双方总是"相比较而存在，相斗争而发展"。在生态语言学研究的三条路径中，语言不仅被视为人工客体，即人类思维之体现，更具有其自然性，与社会文化具有不可分割的联系，可谓是主客体对立统一的产物（徐盛桓，2001）。语言内部存在的"物质性"与"人为性"的博弈不仅促进了语言的进化，也指导着生态语言学研究的进一步发展。在此普遍而宏大的文化价值观之下，生态语言学研究的最大特点是以小见大，以浅近而通俗的生态理论形态，反映出更宽阔的学术视野来研究语言的发展趋势（苏新春，2020）。生态语言学者也擅长从语言的功能、意义、应用着手，从语言生存的大环境出发考察语言及语言学的问题，包括语言使用与应用、变异与变化，结合社会、文化、思想、历史、经济、人口、心理、生理、生态等一切与语言有关的条件、要素、环境（苏新春，2020）。

从"大语言学"视角来看，生态语言学的研究路径脱离不了语言学研究的三类方法："经验描写""理论分析"与"形式论证"（徐盛桓，2001）。首先，由于在识解主客观世界时，语言发挥着经验功能的作用，因此生态语言学视角下的"经验描写"式研究侧重通过归纳的方法描写语言与生态的关系，以及语言对生态的影响（余樟亚、胡文辉，2015）。韩礼德（Halliday）在其"New Ways of Meaning: The Challenge to Applied Linguistics"（1990）一文中基于经验总结指出英语中名词的（不）可数性质、形容词的"正负"评价特征、动词的及物性系统与代词的"意识性"和"非意识性"等都具有明显的主观性与人类中心性。这开启了"韩礼德模式"的先河，也为生态语言学研究提供了新的思路与方向。其次，生态语言学视角下的"理论分析"借鉴生态学、系统功能语言学、认知语言学等交叉学科的原理而为自己所用，从而进一步实现各理论的"生态转向"。斯提比（Stibbe）在其 *Ecolinguistics Language, Ecology and the Stories We Live By*（2015）一书中将"生态哲学观（ecosophy）"与各类"生态故事（stories）"，包括框架、隐喻、评价等相融合，其中所涉及的语言学理论不仅被赋予了生态性质，也为揭示话语的生态性提供切入点。而生态语言学视角下的"形式论证"则更强调从理论到实践的飞跃。各学者以新闻、广告、文学作品、报告、演讲等体裁为例，挖掘隐藏在话语体系中的生态内涵与权力关系，以此引起民众对环境和生态的关注。三种研究路径往往在接触、交流、融合的过程中为达成生态语言学目标而服务，也在对立与统一中实现生态语言学的进一步发展。

就目前的研究状况而言，生态语言学研究有"泛化"趋势，但归根结底生态语言学的目标并未脱离语言学研究的目标，在较高的层次可概括为：认识语言以便更好地运用语言，认识语言以便更好地认识人类自身（徐盛桓，2001），认识语言以便更好地认识人与自然的关系。对于"豪根模式"下的生态语言学研究而言，其将语言与生物相比附，目的是激发人们像维护生物多样性一般维护语言多样性。但将语言复归于自然，不应是语言同自然的简单类比，而应是从微观拓展到宏观，从语言内走到语言外。相较而言，"韩礼德模式"下的生态语言学发展目标更具时代性与历史性，因为它看到了工业时代以来社会与生态的矛盾，旨在"从社会以及社会所在的生态系统考察语言，不仅关注语言与人类，而且关注动物、植物以及地球上所有让生命持续的因子"（何伟、魏榕，2018：1）。

第三节 生态语言学视域下的生态话语分析

作为话语分析的一大路径，生态话语分析与批评话语分析及积极话语分析均存在相通之处，又在吸收两者研究路径与方法的过程中呈现出明显的"生态转向"。

批评话语分析重在对社会权力、意识形态的"批评"，关注话语如何反映社会问题、话语如何反映和构建权力关系、话语如何进行身份构建、话语具有什么意识形态意义、话语如何再现和建构社会的变迁、话语如何实施社会行为等（苗兴伟、张蕾，2021）。批评话语分析的研究路径主要包括"话语实践法""社会认知法"以及"话语—历史法"，分别强调语篇是社会秩序的体现、认知在话语与社会中起中介作用、话语实践的历史背景体现在不同层次的文本中（苗兴伟、张蕾，2021）。而批评话语分析所关注的语言手段或语言现象则明显受到系统功能语言学以及认知语言学研究的影响，前者意义与形式之间的辩证关系、语言与社会的关系、语境与语言之间的关系等思想为批评话语分析所广泛应用（黄国文、赵蕊华，2019），而后者的隐喻理论、转喻理论、框架理论、动力图示等概念也被借鉴为话语的社会性做出解释（苗兴伟、张蕾，2021）。

积极话语分析是对批评话语分析的"批评"（朱永生，2006），它关注正向、积极的语言形式与发展趋势，重在建构正能量的社会现实，而非消极的批判。批评话语分析解构社会的黑暗面，却无法解决其所揭露的实际社会问题。积极话语分析正是见其弊端而发展壮大，既研究权力、意识形态等因素对话语的影响，又注重从和谐、和平的视角关注社会共赢、建构社群精神。因此，积极话语分析除了聚焦"政治话语"，也将研究视野扩大到外交、谈判、会议、咨询等语篇领域，关注不同国家、种族、参会者、咨询双方的声音。

生态话语分析将对"权力关系"的批评延伸为对"生态关系"的界定，将对"意识形态"的批判拓展为对"生态哲学观"的评述，又将对"和谐"社会现实的积极号召扩展为对"和谐"生态现实的主观构建。由此，生态话语分析旨在揭示语言与人类、社会以及其他生物之间潜在的生态联系，以及如何以人类伦理为根据来构建完整的自然生态系统。通过不断深入挖掘和解读话语中的内容，我们能够更加准确地认识人物、事物和环境之间所隐含的生态关系（辛志英、黄国文，2013）。从广义上来讲，生态话语分析也应区分隐喻和非隐喻两种研究模式，即"豪根模式"和"韩礼德模式"（Fill，2001）。但在系统功能语言学迅速发展的背景下，"韩礼德模式"的生态话语分析更为系统，且为了内容的集中，这里主要讨论与自然生态有关的语篇及语言使用的研究，其热点话题可以大致分为以下几类。

其一，尝试通过改变语言内部系统，以寻求更适合生态描述的语言（黄国文、赵蕊华，2019）。代表人物韩礼德在1990年的发言中便提到名词的可数属性、代词的"意识性"容易引起人与外在环境的割裂。此外，学者们也建议通过改变相关词语表达的方式来消除语言对环境的负面影响（Schultz，2001；何伟，2021）。如有学者提出"环境"一词比"生态"一词更具有人类中心性（赵奎英，2013）；也有学者发现汉语中与"野生动物"相关的词组会受到消费主义、数量主义和唯人主义的影响而带有负面指向，因此需要更注意语言所传递的信息（赵蕊华，2018）。可见，此种研究模式聚焦于语言系统中的词汇形态、词汇结构、词义、词法等，通过建议人们使用生态有益型词语以增强人们的生态保护意识。

其二，关注生态（类型）话语的分析，主要从生态批评的角度分析关于生态环境问题的话语，如关注BCC广播对自然的表征（Goatly，2002）、生态旅游活动（Stamou & Paraskevopoulos，2008）、生态报告（赵蕊华，2016）、环保公益广告（何伟、耿芳，2018）、环境新闻（董典，2021）、演讲稿（李淑晶、刘承宇，2020）等环境类语篇，运用系统功能语言学理论以揭示文本中具有生态破坏性的语言模式，并以此引发人们对自身生态意识、生态观念的反思。

其三，国内外的研究焦点也逐渐从分析与生态环境问题直接相关的话语延伸至对整个语言系统中生态因素和非生态因素的研究。现阶段的"韩礼德模式"注重对关于所有问题的话语进行生态分析，尝试解析话语中使用者如何凭借人类伦理建立一个完整而自然的生态秩序，并更加关注人与人之间、人与社会生态之间、社会和自然界之间所存在的关系。其多对非环境类文本的生态和非生态因素进行探究，如智能家居广告（蒋婷、张慧，2021）、科普语篇（蒋婷、杨银花，2019）等。

此外，在国内学者的努力下，生态语言学进一步向本土化发展，通过学习"批评话语分析""积极话语分析""生态批评话语分析"的深刻内涵，形成了本土化的"和谐话语分析模式"（黄国文，2018）。"和谐话语分析"从中国哲学思想中发展壮大，因此强调从自然与人的和谐统一中关注语言与社会。它"以人为本"的基本假定与"人类中心主义"有本质的区别。和谐话语分析中的"人"是与"生态"共生、与"社会"共赢的"人民"，而"人类中心主义"的"人"是以自我为中心的自然的"敌人"。和谐话语分析的指导原则有三：其一，"良知原则"受到王阳明"致良知"思想的深刻影响，聚焦发话者的生态良知与内在的生态自觉。其二，"亲近原则"表明"和谐"也包含了"差等"。中国的人文伦理以及人类的主观亲属关系不可避免会体现在语言的选择与使用中。因此，"亲近原则在一定程度上指导了我们生态行动的主次之分和轻重缓急"（黄国文、赵蕊华，2019：105）。其三，"制约原则"分为个人、社团、社会的制约三个层次，其强调只有在符合三个层次的要求与规定的基础上进行生态问题的解决，才可能做到社会安定与人际和谐。基于和谐话语分析模式，学者们已经展开了针对文学作品（曾蕾、黄芳，2022）、法律语篇（张艳，2019）及网络正能量话语（孙莉、杨晓煜，2020）的和谐生态价值探索。

综上所述，随着"韩礼德模式"下生态话语分析的逐步发展，越来越多的学者开始从宏观即语篇的角度，以及微观即词汇（词汇形态、词汇结构、词义、词法）、句法、隐喻等角度对语言中或从语言反映出的认知中含有的"人类中心主义"进行反思。从宏观角度来看，对不同类型话语进行生态性分析主要在生态哲学观指导下，对话语的生态有益性、破坏性、模糊性进行分析，目的是通过揭示语言对生态环境的影响以激发人们的生态性反思；从微观来看，剖析词汇、语法的生态内涵着眼于语言系统本身对环境识解的缺失，其目的是引发人们对生态破坏性语言特征的警觉。

第四节 本书的篇章结构

本书作为生态语言学的研究汇编，关注生态语言学的话语分析理论，亦汇总了丰富的实证研究。本书共由四章组成，既有对生态语言学的理论创新，也有更为完整、深入的实践拓展。具体内容如下。

第一章为生态语言学与生态话语分析引论，主要涉及两个方面的内容：一是生态语言学的定义、概念、范围及其原理、路径、目标。目的是通过对生态语言学的术语阐释使读者对本书的研究主题有初步的了解。二是生态话语分析这一研究路径，旨在通过介绍生态话语分析的内涵与热点话题简要呈现已有研究对生态话语分析的应用，使读者对生态话语分析有一个基本的认识。

第二章主要涉及三个学科和三大主题。三个学科包括生态学、语言学、教育学，本章向读者呈现了生态学与语言学以及生态学与教育学的跨学科融合。三大主题囊括非环境类话语、环境类话语以及生态教学模式。其中，对非环境类话语的生态型剖析以广告话语为例；对环境类话语的解析以昆虫汉语俗名为例；对生态教学模式的论述则以高校及专门用途英语课堂为着眼点。

第三章呈现了生态语言学视域下针对英语以及汉语话语的生态性实证分析。本章所关注的话题更具有广泛性，涉及自然生态环境与社会生态环境，并以科普新闻、国际新闻、谣言文本、人民调解话语为语料，目的是向读者呈现更多元化的生态语言学研究。

第四章主要是对所涉及的研究及其贡献进行一个整体的呈现，并提出了有益于今后生态话语分析的现实启示。本章是一个总结性章节，目的是对生态语言学的未来研究进行展望并启发读者拓展生态话语分析。

第二章 理论创新

第一节 生态学与语言学

一 综述：生态位与语言研究

近年来，随着跨学科研究的发展以及话语分析的生态转向，越来越多的学者关注到生态学原理对生态话语研究的指导意义，语言生态位（language niche）正是其一。语言生态位是借用生态学中关于"种群"概念的隐喻，意指语言资源在所处生态系统中的位置和状况，其呈现方式依赖于语言内部信息与其外部环境的双向耦合功能（Sinha，2017；崔军民，2005；李文蓓，2018）。其中，内部信息由各类语言结构和语义表达组成，外部环境则泛指影响语言形成、发展、变化的各个要素。探究语言与环境之间的互动关系是生态话语分析的重要内容（Alexander & Stibbe，2014；黄国文、赵蕊华，2017）。通过考察语言资源在不同生态关系中的定位、变化，研究者能够系统地梳理并且揭示语言对所处生态环境的影响。

生态位，又称生态龛，一般用于测量物种生存空间的最小阈值（Grinnell，1917），描述物种与其生存环境之间的关系

(Elton，1927），以及生物对环境变量的选择范围（Hutchinson，1957）。这些特征又可细分为"空间生态位""功能生态位"和"多维超体积生态位"等具体范围（李契等，2003）。通俗而言，生态位关注的重点在于不同生物与其所处环境之间的复杂竞争关系。受外部环境的影响，生物的身体结构和行为方式往往各有不同，如日行与夜视动物的出行、狩猎时间错位、飞禽与走兽的筑巢空间分配差异等。近年来，这些竞争理念与模式在经济学、管理学，以及语言学等人文社科领域也得到了广泛的传播与应用。其中，语言生态位是基于生态位概念在文化层面关于"语言—环境"的隐喻关系映射，语言被隐喻为具有生物特征的生命体，而语言本体的进化与演变，语言资源在不同语境、语篇中的侧重与分布，都与语言赖以生存的环境息息相关。换言之，语言生态位是对过往语言研究中生态特征的归纳总结，也从资源竞争的角度为往后生态话语分析提供了新的研究视角与分析思路。目前，语言学领域对生态位的研究尚处探索阶段，学者们主要围绕语言生态位的定义、分类展开相关研究，并产生了语言生态的自然观、社会文化观与认知观的分歧（Steffensen & Fill，2014；Li et al.，2020）。

复杂的环境往往演化出丰富多样的生态观念。其中，语言生态的自然观重视语言与其自然环境的相互作用，强调生物、地形和气候等自然因素对语言形态、词汇类型等语言表征的影响（李国正，1991；Mühlhäusler，2003）。社会文化观则聚焦语言与社会文化要素的双向选择，关注历史、政治、经济等因素对语言革新、发展的作用（Blackledge，2008）。二者是关于语言在自然与文化两个不同层面的解释。近年来，随着生态话语研究的泛化，自然环境和社会文化环境的壁垒逐渐被打破（Luardini et al.，

2019），自然、社会、文化的融合更有助于理解环境对语言产生与使用的影响（Nash & Mühlhäusler，2014）。这种语言的"自然—社会—文化"观念被国内学者进一步总结为由"语言系统"和"语言环境系统"组成的"语言生态系统的语言生态位"（崔军民，2005；李文蓓，2018）。其中，"语言系统"由语义、词汇、语法、语音等特征组成，"语言环境系统"则分为自然、社会文化等外部环境因素（李文蓓，2018）。前者可归纳为语言本体，后者则是影响本体变化、发展乃至最终成型的因子。传统意义上的语言学研究多关注由"人"为中心主导的语言本体所衍生的各类语言现象、语言规律，目前的研究对其形成原因的挖掘尚且不足。而在语言生态位中，自然要素与社会文化的结合为语言现象的成因解释提供了有效的分析视角。根据语言所处的不同生态环境，研究者可从各类影响因子出发，对目标语言现象和规律进行归纳与总结。值得注意的是，传统意义上以"人"为主导的语言成分分析并非与"环境"主导的影响因子分析路径相悖。相反，"人"是作为呈现语言现象，将语言融入并应用于自然与社会环境的关键纽带而存在的。更具体地说，语言本无生命，却因"人"（或称"使用者"）的认知而被赋予了其作为"生物"的隐喻意义。

认知观旨在呈现与理解人类语言交互的复杂性（Steffensen & Fill，2014），即语言与人类认知环境之间的关系（Fill & Steffensen，2014）。认知取向一方面强调语言在提高思维、心智和（自我）意识方面的作用（Clark，2005）；另一方面也关注认知从现实中收集和交换信息的能力（Pinker，2003）。具体而言，"通过将思想物质化，人们创造出的语言结构本身就是人类予以感知和思考的对象"（Clark，2006：255）。这些结构层继续发挥着多重认知增强功能（Clark，2005，2006），通过提高人类语言的交互性与流动性，将语言进一步融入社会现实之中（Pinker，2003；Steffensen & Fill，2014）。因此，越来越多的生态语言学者也开始探讨人类认知如何与更大的社会、文化和自然框架相互作用（Steffensen & Fill，2014；黄国文、王红阳，2018）。其中，较为典型的是辛哈（Sinha，2017）提出的"生物文化生态位"理论。该学者认为，语言的产生与使用需要同时具备：拥有思维能力的语言使用者和便于交互的社会文化网络。借此，辛哈揭示了心理因素和社会文化因素对句法位置选择的重要影响。可见，认知与现实环境可以形成一个统一的系统，补充了"人"作为语言载体的功能，从而得以完善语言生态位的构建并解析语言与其现实环境的关系。

在此基础上，语言学家们也提出从不同角度全面整合生态语言学研究（Steffensen & Fill，2014；王馥芳，2017；王寅，2018）。斯蒂芬森和菲尔（Steffensen & Fill，2014：6）认为，自然观、社会文化观、认知观可以进行全面的融合，以形成"连贯的科学生态系统"。其中，人的态度和行为既受这一个特定的"认知—自然—社会文化"生态位的影响，又将变化与发展反馈于这个生态位之中（Steffensen & Fill，2014：19）。这一思想被国内学者们扩展为"认知生态语言学"（王馥芳，2017；王寅，2018）。该理念强调语言、认知和环境的三元互动，即"语言是人类从现实中获得具象经验后，通过认知加工和解释产生的；而语言本身的发展又反过来影响认知，进而影响现实"（王寅，2018：24）。

至此，语言生态位初具理论模型，而如何将这一理念应用至语言分析实践中，则是本书的重点所在。以下，笔者将结合当前时代发展特征，以非环境类话语以及环境类话语中典型的话语现象为例，构建具有可操作性的生态位话语分析框架，为生态话语分析的进一步发展提供理论模型与实践参考。

二　生态位视域下的非环境类话语研究

按照生态话语分析模式的主要分类，环境类话语多指以"自然"为中心的语言表达，如山川湖海、飞禽鸟兽等直接参与自然生态系统的自然要素。非环境类话语则更关注以"人"为中心的社会化语言表达，如不同领域、不同体裁下的生态观念传播等间接影响其所处生态系统的话语策略。总体而言，话语类型的差异直接影响着分析模式的不同。

广告话语是非环境类话语的一大典型，包含着企业传递生态观念、刺激消费、构建环境友好形象的重要语言策略。随着智能时代的到来，越来越多的企业尝试在广告中融入生态环保与智能科技的概念，意在拉近新兴智能产品与消费者的距离，建立消费信任，从而实现其销售目的。然而，正因生态广告的导向性以及社会认可度较高，也给了不少投机者从"伪绿色"转向"真牟利"的可乘之机。例如，为掩饰智能科技带来的潜在环境危害，广告方往往会调用有利的语言资源、调整语法结构，从而改变原有话语的呈现状态，让人难以鉴别。此外，贸易、信息的全球化推动了广告信息在世界范围内的传播，其带来的生态影响也随之扩大。然而，在全球化影响背后，不同社会文化之间的差异也使得话语鉴别的难度再次升级。因此，对跨文化智能产品广告的生态对比分析显得尤为重要。在此过程中，态度是企业传递生态观念、表达立场的重要语言资源。在各类环境因子影响下，企业可利用态度资源，构建企业、消费者、智能科技，以及生态环境之间的多维关系，调整广告话语内的生态社会责任。

为综合考虑话语内部的语言特征以及外部的环境影响，本节以生态位视域下中美广告话语的态度资源对比研究为例，呈现生态位视域下的非环境类话语研究。结合系统功能语言学中评价理论下的态度子系统以及语言生态位理论，构建广告话语的态度生态位分析框架，并在此框架指导下，对中美智能家居产品广告话语的生态性进行对比分析。

一方面，通过与理论的结合，本书以期为生态语言学的跨学科融合提供新的视角；另一方面，在智能时代背景下，跨文化的生态性对比研究亦为潜在的新型环境危机提供了预警。对生态话语研究者而言，本书也为用语言分析解决社会生态问题提供了新的讨论方向与实践参考。

（一）研究背景

随着话语分析的生态转向，生态话语逐渐成为商业广告构建环保形象、刺激消费的重要语言策略（Stibbe, 2009; Hansen, 2019）。这一举措虽在一定程度上利于绿色消费观念的形成和传播，但也有投机者假借"绿色"之名，行"牟利"之实，误导大众的同时也造成了一系列负面的生态影响（Stöckl & Molnar, 2018）。例如，广告方多倾向于先入为主地使用"环保""节能""高效"等生态科技关键词，以不同手法将其融入智能家居广告中，在实现销售目的的同时，也构成了典型的非环境类生态话语。然而，话语内容是否真实尚未能定性，但话语价值中的价值观念却已通过"标签化"过程悄然渗入消费者心中。因此，研究广告话语的生态性不仅直接影响着人们的生态认知和消费行为，也关系着企业乃至社会对经济效益和生态问题的平衡与抉择（Hansen, 2002）。

广告话语的生态内涵又与当代科技发展水平密不可分，具有动态性（黄国文、赵蕊华，2017）。19 世纪末期以来，广告话语中的生态性主要经历了三个阶段：自然产品营销—工业反思批判—企业生态形象构建。其中，自然产品营销阶段与第一次工业革命有着密不可分的关系。在此期间，机器代替手工推动了生产方式的变革，人们被迫适应机器、化学制品等新兴事物带来的影响，如化工生产的环境污染、就业结构变动造成的心理创伤等。在生产方式和生活节奏的双重变化下，"自然"，作为纯粹、美好的象征形象被商家广泛地应用到广告宣传中。类似的宣传话语多以隐喻式的词汇表达出现（Goatly，2018），旨在借大众对自然的心理依赖来突出产品卖点。如强调酒精产品的"纯度"、化妆品的"天然萃取成分"、广告画面中儿童、小动物"天真烂漫"的形象等。然而，这种话语营销方式虽然在一定程度上能够推动产品的销售，但同时也弱化了产品对环境的实质伤害。不仅如此，此种行为还从文化层面对自然环境造成了二次剥削，也为人类无节制地索取资源、污染环境埋下了祸根。因此，在天然气和石油等自然资源被广泛应用于各个工业领域的第二阶段，越来越多的生态问题逐渐暴露在公众面前，如全球变暖、物种灭绝、海洋污染等。而处于环境污染和社会舆论双重压力下的企业不得不承担相应的环保责任（Howlett & Raglon，1992）。

至此，自 20 世纪 70 年代，各国企业开始使用具有意识导向性的生态话语策略，以科技节能之名塑造企业"自然之友"的形象，并试图从读者意识上降低实际生产环节带来的潜在环境污染。这种话语变革潮流被称为广告"洗绿运动（Greenwashing Movement）"，其危害也受到了来自各界的批判（Alexander，2009；Stibbe，2009；Hansen，2002，2019）。值得注意的是，随着技术的不断进步，这一时期基于多模态和语料库开展的生态广告研究有所增加，研究的重点也逐渐从微观视角向宏观转变。例如，巴纳吉（Banerjee et al., 1995）收集了 95 份生态电视广告和 173 份生态平面广告作为语料进行多维话语分析，重点对广告话语中的生态隐喻方式进行了标注和讨论。与早期的词汇分析不同，基于语料库的研究拓展了传统话语生态性分析的广度和深度。大量的数据研究发现，当前生态广告更倾向于重复已知的环境问题，而不是实质性地考虑和引导公众应该如何去应对环境危机。对于广告方来说，用不同的话语策略重复相同的环境问题，不仅能将广大消费者纳入广告方的同一阵营，还能节省付诸实际行动的经济成本。通常而言，使用各种语言策略的最终目的是构建意识形态的基础（Howlett & Raglon, 1992）。以汉森（Hansen, 2002, 2019）为代表关注产品导向分析的一批学者也认为，广告中对自然形象的引用可能与意识形态力量有关。

自人类进入 21 世纪，人工智能迅猛发展，打着"生态科技，节能环保"旗号的智能产品广告开始在各国涌现。然而，"绿旗"下的环境污染却日趋严重，新的生态问题层出不穷。科技的权威、文化的差异，加之"洗绿手段"的升级也增大了辨析话语的难度。话语策略的调整不仅是顺应时代的趋势所向，更是各个阶段累积的历史遗留问题的再现。基于此，学者们开始从源头出发，从术语定义的角度对"洗绿广告"和"生态友好广告"两种不同类型的广告话语进行区分和解释。翁兑雷塔萨（Ongkrutraksa, 2007: 374）认为，洗绿广告（green-washed advertising）特指"故意借用生态有益性话语美化企业的产品、生产实践，从而诱导大众进行所谓绿色消费的骗局"。斯托克尔（Stöckl）和莫尔纳（Molnar, 2018）则从体裁分析的角度出发，对生态广告（eco-advertising）进行了系统性的定义，他们指出，生态广告是在杜绝消费欺诈前提下，运用适当的生态话语策略进行产品营销的一种广告体裁。可以看出，洗绿广告和生态广告的本质区别在于生态话语策略的最终目的。因此，以时代和社会文化为背景探讨广告话语的生态性兼具理论意义与实践意义。

(二) 文献回顾

1. 广告话语的生态性研究

随着全球生态环境污染加剧，生态性逐渐成为广告话语研究的热点之一。从研究动态来看，越来越多的学者开始从多角度探讨广告话语带来的环境问题。研究主要聚焦广告话语的社会生态效应案例分析（Harvey，1996；Hansen & Cox，2015；Hansen，2002，2019）、生态隐喻（Goatly，2018；Larson，2017）、语篇体裁构建（Stöckl & Molnar，2018）以及话语生态性的中外对比探究（何伟、耿芳，2018）等。例如，汉森（Hansen，2019）从公共媒体词汇研究的角度出发，讨论了"自然"在广告话语中的形象构建以及意识形态输出。汉森认为，广告是公共媒介的体裁之一，这一特殊属性赋予了广告商对产品与自然关系的定义、描述等隐性的象征权力。受众往往不自觉地对此产生信任，进而引发购买行为。该研究虽着眼于广告词汇的生态效应解读，但更多的是从社会学的角度参与话题讨论，对语言本体现象的研究缺乏系统的语言学理论支撑。格特力（Goatly，2018）则从词汇语法出发，引入系统功能语言学的研究方法，从及物性的角度对部分广告话语中的生态隐喻现象进行了分析和讨论。另外，国内学者何伟和耿芳（2018）也在此基础上拓展了广告话语生态性研究的范围，基于及物性的研究视角讨论了中外环境保护公益广告话语中生态性的区别，研究旨在考查广告话语中不同文化背景下的生态性差异。上述学术探讨虽极大地丰富了广告话语的生态性研究，但大多关注语言的搭配、表现形式及其生态影响,对话语产生的时代背景、社会文化等因素却鲜有涉及。

21世纪是技术的时代,以智能家居广告产品为例,近年来国内外多数智能家居品牌均不约而同地选择了"环保""节能""高效"等生态科技关键词,以不同手法将其融入广告中,在实现销售目标的同时,也构成了典型的生态话语。生态性是生态话语的基础性命题,智能家居广告话语中各类语言资源的选择和运用,是生态性在语言层面基本内涵的具体体现。它确保了生态观念在话语实践中的有效传达(何伟,2018;吴承笃,2019),直接影响着其所处的自然及技术社会环境(Fill & Mühlhäusler,2001;Halliday,1990;Haugen,1972;Mühlhäusler,2000;黄国文,2018)。

2. 广告话语的生态位研究

话语的生态性探析本质上是对其环境影响因素的深层挖掘。然而,语言环境因素错综复杂,如何系统而有效地建立语言与环境之间的联系殊非易事。语言生态位(Language Niche)则从生态学的角度为这一问题的探讨提供了新的研究视角(黄国文、王红阳,2018)。在语言生态位中,语言与语言环境是相互依赖、交互影响的关系。目前关于语言生态位的研究主要集中在系统功能语言学(李文蓓,2018;李文蓓、黄国文,2021)、认知语言学(Pinker,2003,2010;Sinha,2017)、媒介生态学(Dimmick,2003;Dimmick et al.,2004;姜照君、顾江,2014)等领域。值得注意的是,学者们多关注理论构建(李文蓓,2018)、认知基因(Pinker,2003)、社会功能(Dimmick,2003)等因素对语言的塑造和影响,对语言描写部分的研究则不够深入。

目前,有学者(如Dimmick,2003;Dimmick et al.,2004)从媒介生态位的角度综合考虑,提出将影响广告话语的环境因子纳入研究范围,由内而外地探讨话语变迁的社会根源。具体来看,迪米克(Dimmick,2003)从情感、认知、社会交际等角度提出了影响广告资源生态位差异的各类环境因子模型。他认为,广告中各类语言资源所呈现的差异实则是广告方依据不同的环境做出的适应选择,这也为本书进行广告话语生态性的深层原因探析提供了行之有效的分析路径。然而,由于研究侧重点不同,学者们(Dimmick,2003;Dimmick et al.,2004)并未从语言特征本身加以分析,与之相关的广告语言研究也因学科之间的差异成为薄弱环节。

总体而言,国内对广告话语生态性的关注较少,对生态位的研究尚处起步阶段(李文蓓,2018),相应的中外对比分析更是寥寥无几。因此,从生态位的视角对比分析中外智能产品广告的生态性既是一次新的尝试,也对我国本土科技产业吸取优秀生态发展经验、反思科技发展进程中的生态问题、实现智能科技的可持续发展具有重要的指导意义。在此过程中,态度是广告传递生态观的重要语言资源(Stöckl & Molnar,2018)。通过灵活运用态度资源,企业能够吸引消费者注意,增加其心理认同感,拉近彼此距离,从而激发消费者的购买欲望。在系统功能语言学中,评价理论下的态度系统则在语言层面为我们提供了极具操作性的分析框架。鉴于此,本书以中美智能家居广告为例,拟结合态度系统(Martin & White,2005)和生态位理论(Dimmick,2003),从话语及其影响因子两方面入手,构建广告话语的态度生态位分析框架,具体回答以下三个问题。

(1) 中美智能家居广告态度资源有何异同?

(2) 形成这些异同的主要生态位影响因子分别是什么?

(3) 通过生态位影响因子分析,形成这些异同的社会文化原因是什么？

（三）理论框架

环境为语言提供了必要的经验和信息，语言经过话语者的加工处理后又会重新影响环境，构建意义（Haugen，1972）。这种语言与所属环境之间的互动关系是语言生态位的动态体现（Sinha，2017）。语言生态位指语言在其生态系统中的位置和状况，其呈现方式依赖语言内部信息与其外部环境的双向耦合功能（Sinha，2017；崔军民，2005；李文蓓，2018）。具体而言，与常见的单向语言分析不同，语言生态位包含语言本体（内部环境）和环境因子（外部环境）两个层面（李文蓓，2018）。一方面，语言本体侧重对语言现象的描写，包括语音、语法、词汇、语义等要素，以及它们之间的组合（崔军民，2005）；另一方面，仅从语言角度分析话语往往不够完善，越来越多的学者（苗兴伟、雷蕾，2020）开始关注影响话语的其他因素，如物理系统、生物系统、社会系统和意义系统等多维要素。总体来看，就语言环境影响因子而言，目前学界较为认可的划分方式包括语言的自然环境、社会环境、心理环境三个部分（Steffensen & Fill，2014）。有研究将其进一步细化为自然环境、社会环境、文化环境与人群环境，并结合语言本体要素进行了整合，语言生态位的概念初具模型（李文蓓，2018）。为进一步探究语言在生态位中的具体应用和表现，本书选取中美智能家居广告话语，尝试从语言的内外环境两个层面，共同探究双方生态性的异同。

1. *广告话语生态位的语言层面*

在语言层面，广告语言特有的体裁特征赋予了其话语的评价性特征（冯彦、赵桂英，2012）。而作为评价理论核心的态度系统则是从词汇语法层面进行话语分析的有效途径（Martin & Rose，

2007)。它表示言者对自己和他人、情感和事物的态度、立场和价值评判,其下又分情感、判断、鉴赏三个子系统(见图2-1)(Martin & White,2005)。

在态度系统中,情感系统是重点所在,判断和鉴赏系统是具体延伸后的情感体现(同上)。在广告话语中,情感资源是指对产品有关信息积极或消极的评价,涉及情感性质、过程和评注三个子系统。其中,情感性质包括三个方面:(1)关于对象在心理层面的情感修饰语,如"living a happy life";(2)关于描述对象的具体属性的情感评价,如"the life is happy";(3)对动作、过程实现方式的情感补充,属于小句的环境成分,如"start a smart life happily"。过程子系统主要强调心理过程和行为过程,在智能家居广告话语中,多以拟人的方式赋予产品以人的生理动作、心理活动,以此抒发情感,增强产品与消费者的情感联结。评注子系统则更多地以情态附加语的形式出现,强调动作的意愿性。三个子系统共同解释了何为语言使用者对行为、文本/过程及现象做出的感情反应(王振华,2001)。

判断资源则指在当前社会伦理道德环境下,广告方对产品功能信息积极或消极的评判和预测,分为社会认可和社会评判。社会认可是关于产品功能在规范、能力以及持久度等方面的要求。在智能家居广告话语中,社会认可资源常被用来描述产品功能带来的科技体验和节能效益。另一个子系统社会评判则更侧重产品信息描述是否真实、有效,比如是否符合环境生产标准等内容。总体而言,社会评判和社会认可是从道德和法律层面对广告话语所提供信息的综合评价。

而鉴赏资源则关注对产品信息的审美态度,如情感反应、认知结构和价值评估。其中,情感反应指的是语言所体现出的情感吸引力，如广告中的"relaxing housework"。认知结构则强调行文在可读性、语篇组织方面的情感体验，如话语中衔接词的使用，而价值评估更多地聚焦话语内容信息的满足体验。鉴赏系统是在情感系统和判断系统基础上的美学评价，也是广告话语中较为热门的话语策略选择。

综合来看，情感系统、判断系统以及鉴赏系统分别从情感反应、道德评判和美学评估三个方面综合构成了广告话语中的态度表达（见图2-1）。受环境因素影响，不同广告话语中态度资源各有侧重，其蕴含的生态性亦随之变化（Stöckl & Molnar，2018）。因此，要从深层挖掘广告话语的生态性，除考察其语言内部表达的态度意义外，还必须考虑话语产生的外部环境。

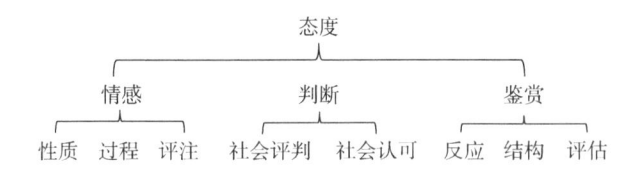

图2-1 态度系统（Martin & White，2005）

2. 生态位的环境层面

在语言环境层面，环境有其自身特点和特性（黄国文、王红阳，2018）。在广告等媒介中，影响其各类话语资源生态位差异的主要因素为情感因子、社会因子、认知因子以及满足机会（gratification opportunity）（Dimmick，2003）。这四个要素相互作用，相辅相成，共同影响着广告话语的语言资源分布。换言之，根据不同的环境影响因子，广告方会有意地调整语言资源的使用空间及其所占位置。

情感因子主要影响着广告内容中积极或消极的主观情感表达，以及由此延伸的情感行为反应。这类环境因子主要围绕消费者作为"人"的感性特性来发挥作用，如在阅读时的精神消耗、情绪调节、情感共鸣、人际交往等方面的影响。因此，相较于传统广告中的植入式信息输出，智能家居广告的宣传内容多以对话形式呈现，通过模拟真实场景中的对话来激活消费者的情绪反应本能，拉近产品与消费者之间的关系，增加情感共鸣。

社会因子侧重广告中人际关系的构建与维护，是实现人际意义的重要因素，其核心影响力由三个方面构成：信息产生、信息传递以及信息评估。在社会因子的影响下，广告信息的流动传播、广告方与消费者的隐性互动得以实现。传统的产品广告强调信息输出，力求在有限的时间内最大程度地传播宣传内容。相比之下，智能家居广告话语更倾向于推动信息互动。因此，广告内容中的产品信息以及功能多呈现出拟人化自述的特征，在保证输出信息的同时又能构建人与物之间的新联系。

认知因子是关于信息结构层面的影响因子，主要关注广告信息内容的接收、理解、消化，以及由此带来的额外能力提升。认知因子的影响范围包括但不限于广告信息内容的复杂度、篇章布局的结构特征、是否具有习得性传播价值的评估等。在智能家居广告中多体现为高度浓缩的鉴赏词汇、推动广告信息流动的衔接性词汇等。

满足机会是由广告信息体现的潜在收益集合，包括信息内收益和信息外收益。例如，信息内收益主要体现在价格折扣、售后服务等直接利益转换，以及智能家居类特有的与其他产品互动的体验；信息外收益集中表现为阅读愉悦性，如广告内容的叙事趣味程度。总体来看，是否能刺激消费者产生利益驱动是满足机会影响广告话语策略的关键所在。

由此可见，在语言生态位中，语言与其环境呈现出信息与能量内外动态循环的特征。具体而言，话语在所处的语言生态系统中获取外部环境信息，在多重因素影响下，信息之间经过反复筛选、更新后发生种种内部联系。这些联系以人们所熟知的词汇、句型、篇章等形式，加之各具特色的修辞呈现在大众眼前，并在传播过程中进一步反作用于外部环境，从而实现信息的内外流动和更新，最后形成我们所看到的生态语言（李文蓓，2018）。

3. 生态哲学观

在此过程中，生态性是生态语言的基础性命题，它确保了生态观念在诸多学科话语实践中的有效传达（吴承笃，2019）。判断生态性利弊的核心标准，是生态哲学观的构建和确立。生态哲学观是话语分析者的价值观念判断标尺，"分析者的意识形态决定了他对世界一切事物、事件、实践和愿景的态度和评估"（黄国文、赵蕊华，2017：593）。价值观念不同，话语分析的侧重点也会有所差别（Naess，1990）。西方早期的"人类中心主义"生态哲学观把语言视为人类的特权和所有物（赵奎英，2017），这种观念割裂了语言、自然和世界之间的联系，造成人与自然关系的失调，并为引发生态危机埋下了祸根。随着环境问题日益加剧，20世纪中期，以利奥波德（Leopold）为代表的"生态整体主义"哲学观逐渐兴起。利奥波德（Leopold，1949）认为，良性的生态系统运作是建立在整体循序渐进的发展循环之上的，每个环节的每一方都有其存在的意义。而人类所在的那一环节往往通过恶性竞争破坏了整体发展节奏，原有的循环也会随之发生改变，最终反噬人类自身。生态话语正是基于"生态整体主义"的哲学观，在万物平等的核心前提下全面地寻找语言、自然与人之间千丝万缕的联系（黄国文、赵蕊华，2017）。结合实践来看，智能家居广告话语虽以语言为载体，却广泛影响着语言之外的自然、社会等环境。探究其中的生态性，不仅要看广告方如何组织话语与人、物的语义逻辑关系，还要看他们是如何看待话语与自然、与社会，特别是与当代智能技术发展之间的关系。

鉴于此，本小节基于语言生态位理念，以态度系统（Martin & White, 2005）为广告话语内部环境支撑，同时结合其外部环境影响因子（Dimmick, 2003），从情感因子、认知因子、社会因子、满足机会四个方面对态度系统的三个子系统进行归类划分，构建生态位视域下的态度分析框架（见图2-2）。从态度系统和影响因子两个角度，由内而外地探究话语的生态性特征及其深层原因。具体而言，情感因子侧重消费者的直接感情体验（Dimmick, 2003），这与情感系统中情感反应较强的性质、过程子系统，以及鉴赏系统中的反应子系统相契合（Martin & White, 2005）。认知因子则在广告内容理解、篇章布局等方面有了进一步的探究（Dimmick, 2003），具体体现在情感系统中的间接评注以及鉴赏系统中注重认知功能的结构子系统（Martin & White, 2005）。社会因子与判断系统的两个子系统契合度较高，主要专注于产品功能、设计理念的判断（Dimmick, 2003）。而满足机会则聚焦广告

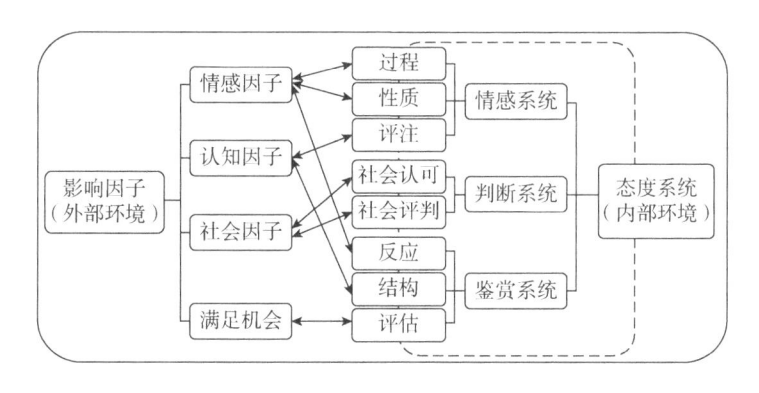

图2-2 态度系统语言生态位

内容所带来的额外收获，如广告内的折扣，以及广告外的时间消遣、视觉体验等（Dimmick，2003），这与鉴赏系统中注重经验功能的评估子系统相契合（Martin & White，2005）。综上所述，本书综合考虑广告话语中的态度资源分配情况及其影响因子，整合二者契合的内容，进一步对比探究中美智能家居广告中的生态性。

（四）研究设计

1. 语料来源

本书采用定量与定性相结合的方法。首先，分别选取中美双方在智能家居领域影响力较大的品牌官方网站收集语料：中国小米（https：//www.mi.com/）①，以及美国 Nest（https：//nest.com/ & https：//store.google.com/）②。

其次，我们以产品为单位对 2018 年双方官网中传感类智能产品广告文字部分进行了采集、编号。具体采集的产品包括多功能网关、温湿度传感器、烟雾报警器、动静贴、传感摄像头、水浸传感器、恒温器、门卫报警器等。在此基础上，研究使用 Rand 函数从中随机选取广告各 10 份，共 20 份，自建库容为 7457 个词的小型语料库。在此基础上，我们对语料进行了进一步清洗、整理。

2. 数据分析

第一步，语料获取。由于中美双方智能家居品牌小米和 Nest 的广告语均以图片形式呈现，研究利用网页工具"花瓣"提取图片文字语料，并对语料进行初步整理。

---

① 据 2017 年小米首届 IoT 开发者大会报道，截至 2017 年年末，小米 IoT 平台联网设备超过 8500 万，接入设备超过 800 种，合作伙伴超过 400 家，日活设备超过 1000 万台，成为全球最大智能硬件 IoT 平台。资料来源：https：//hd.mi.com/x/11271d/index.html?client_id=180100041086&masid=17409.0188。

② 美国智能家居品牌 Nest 公司于 2011 年在北美上市，四年内产品销量跃居全美前四，2014 年被谷歌公司以 32 亿美元（溢价率达 300%）整体收购。资料来源：https：//abc.xyz/investor/news/releases/2014/0113/。

第二步，语料态度资源赋码。在 MS word 宏功能的基础上，结合图 2-2 分析框架编写赋码依据，研究对 20 份广告进行态度资源的人工赋码，为保证数据收集的科学性和客观性，语料标注采用两人分别赋码的方式，时间间隔为两周。

第三步，数据整理。利用 Antconc 语料库检索软件，初步收集态度资源赋码数据并加以整理。

第四步，因子归类。结合图 2-2 分析框架，研究对态度资源语料赋码数据进行因子归类，从情感因子、认知因子、社会因子和满足机会四方面展开讨论。

以上所有研究数据均在 Excel 的基础上进行整理、归纳，形成可视化图表。基于统计数据，我们将分类考察中美智能家居广告话语态度资源生态位的特征及其原因。

（五）结果与讨论

1. 中美广告态度资源总体分布特征

本书对中国品牌小米以及美国品牌 Nest 旗下的 20 款智能家居传感类产品广告的态度资源分别进行了分类统计。由于不同品牌的广告篇幅存在差异，我们对原始数据进行了标准化处理，使其更具可比性，具体统计数据如图 2-3 所示。

结合图 2-3 和语料可见，中美双方在智能家居广告话语中对态度资源的分配特征主要表现为以下两点。

（1）双方广告中态度资源的分布存在差异

其中，美方 Nest 的资源排序为情感＞判断＞鉴赏；而中方小米则表现为判断＞鉴赏＞情感。不难看出，二者对情感资源的侧重恰好相反。具体来看，Nest 广告善用情感过程，文中多次出现"you""we"等人称代词，意在以消费者为中心来增强产品与人的情感联结，从而塑造生态友好的企业形象。相比之下，小米则

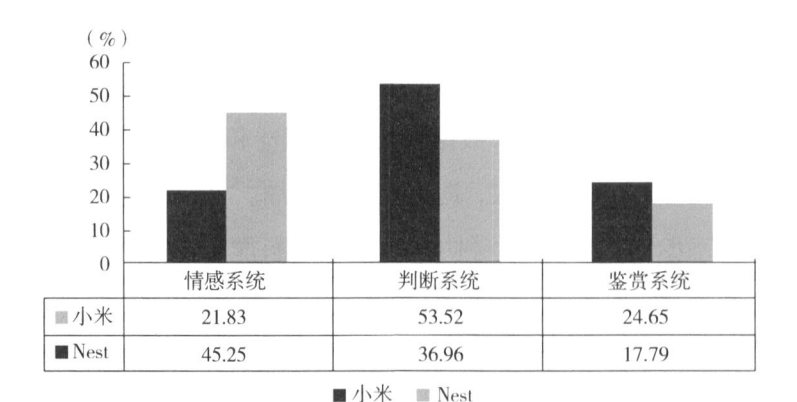

(%)	情感系统	判断系统	鉴赏系统
小米	21.83	53.52	24.65
Nest	45.25	36.96	17.79

图2-3 中美智能家居广告话语的态度资源分布特征

聚焦产品功能,更多地使用判断、鉴赏等资源,如"精""高""强大""先进"等词汇,关注产品本身效果带来的消费信赖。除此之外,小米广告方多用四字连排的形式组织态度资源,试图从语势上打造专业且权威的环保口碑。

(2)双方广告中态度资源的生态内涵在传达节能环保语义的同时,均带有较为强烈的人类中心主义色彩。

如为凸显"智能"概念,双方均使用拟人的情感过程来增强人与产品的联系。为使环保效益可视化、最大化,广告方不约而同地使用数字化结算的评估资源来增加卖点。由此,可以看出,中美双方广告在态度资源的运用上各有侧重,其生态内涵共性与差异交叉并存,较为复杂。为更好地对上述语言特征进行解读,下文我们将结合广告中态度资源的使用情况,从影响态度资源的四个环境因子进行数据对比分析。

2. 中美广告态度资源影响因子特征

结合图2-3可以看出,中美智能家居广告话语中的态度资源分布呈现出共性与差异并存的特征。从语言生态位的角度来看,态度资源的选择和分布差异是语言内部结构信息的具体表现,也是受广告媒介环境中各类影响因子综合作用的结果。为系统地找出二者生态性特征以及异同原因,本书结合生态位影响因子框架,对态度资源进行二次整理,从情感因子、认知因子、社会因子和满足机会四方面对数据进行分类,具体结果如图2-4所示。

	情感因子	认知因子	社会因子	满足机会
小米	38.03	3.52	53.52	4.93
Nest	53.37	5.18	36.96	4.49

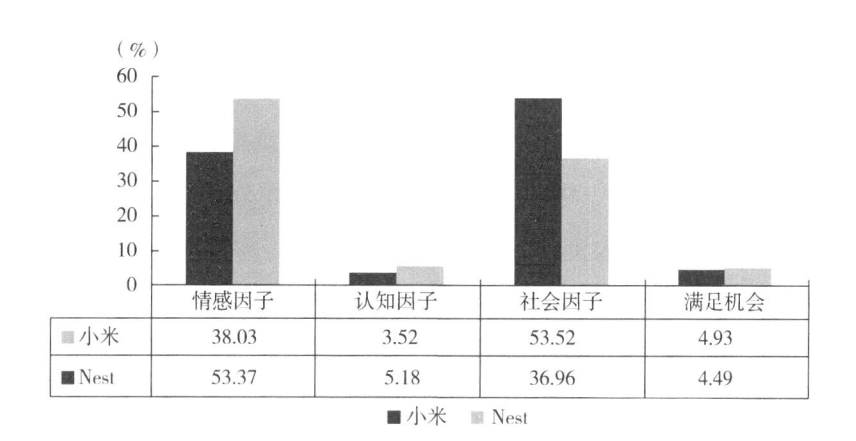

图2-4 中美智能家居生态位影响因子分布特征

从图2-4可以看出,中美双方智能家居广告话语受环境因子的影响呈现差异,主要表现为:美方Nest表现为情感主导型广告话语,呈现出情感因子>社会因子>认知因子>满足机会的特征;中方小米则表现为社会主导型广告话语,具体分布情况为社会因子>情感因子>满足机会>认知因子。情感因子主导下的语言策略侧重调动读者的情绪以引发情感共鸣,而社会因子主导下的语言策略更强调产品本身带来的功能与效用。这些差异在双方各自的广告用语中均由不同的语言结构体现,而结构差异背后所折射的生态观念,则根植于中西方长久发展的生态文化内涵。

综合图2-3、2-4可见,中美智能家居广告话语态度资源共性与差异并存,相关影响因子也呈现出相似特征。从表层来看,中美双方均受情感因子与社会因子影响较大,而认知因子和满足机会带来的影响则相对较少。而在影响较大的因子中，中方品牌小米的主要影响因子为社会因子，其次为情感因子，美方品牌 Nest 则与之相反。从深层来看，双方影响因子虽各有不同，但其影响方式、生态内涵却也有共通之处。为更好地进行对比分析，本书将从四个方面分类讨论其中的生态性异同。

（1）中美广告情感因子影响下的生态性

情感因子是受众对媒体内容的直接情感体验（Dimmick，2003）。在智能家居广告中，中美双方的情感表达方式分别体现了科学话语所特有的语义内涵：现实主义（realism）与构建主义（constructivism）。其中，Nest 倾向于使用逻辑紧密、朴素的语言描述自然要素的潜在威胁，以此激发消费者的环境危机共鸣；小米则善用情感预设，通过增强科学话语的权威性来削弱消费者的潜在忧虑。但无论是现实主义的危机感，还是构建主义的权威性，二者均带有较为浓厚的"自然征服"色彩。

> 例1 a. Carbon monoxide is poisonous but you can't see it or smell it. 译文：一氧化碳，无色无味，却暗藏毒害。
>
> b. 烟雾报警器采用抗阻燃材料（氧指数 > 35L）内置智能处理器，通过先进的电子处理技术，实现超低功耗，电池在正常工作状态下可保证 5 年以上使用寿命。

在科学话语中，现实主义视角往往将语言视为一种现实表征（Larson，2017）。如例 1（a）中，针对同样性能的烟雾报警器，Nest 广告方采用情感资源"poisonous"，通过简单的关系过程直接给一氧化碳打上有毒的标签，借着使用动作过程"see"以及"smell"为纽带将有害气体的"毒性"转移至"you"，即消费者身上。自然要素的某一特性"标签化"是常见的广告营销策略（Howlett & Raglon，1992）。然而，此举不仅掩盖了自然要素的其他特征，久而久之也容易固化消费者思维，忽略自然要素的其他属性。相较而言，小米则聚焦产品功能，采用构建主义手法，将语言视为认识世界的窗口，在产品功能的基础上突出情感资源的深层"安抚"作用，其语义功能的实现往往根植于对话语文化背景的预设（Larson，2017）。从预设的表达方式来看，在例1（b）中，小米更多地使用"抗阻燃""智能""先进""超低功耗""可保证"等情感、鉴赏资源来增强产品的安全性能，在语言层面上安抚消费者潜在的忧虑。

例2　a. It's beautifully designed to keep you comfortable and help save energy. 译文：它的设计充满美感，为你打造舒适体验，助力节能省电。

　　b. 你可以根据实际需求进行设置，让空调在夜间自动调温，再也不怕半夜被热醒或被冻醒，安眠至天亮。

同样的安抚作用还体现在情感过程之上，如例2（b）对温度描写中的"再也不怕""安眠"，是对"安全/不安全"的典型情感过程描写。为推销空调的自动调节功能，小米广告方夸大了自然要素"温度"的正常变化区间，将之放置在威胁人们睡眠健康和质量的对立面。通过对比，空调功能以外的情绪安抚价值得以实现。此外，"安眠"这一用法将安心的状态和睡眠的动作从小句层转移到了词组层，是名物化的体现。在概念语法隐喻中，名物化多被用于塑造概念，构建现实（Halliday & Matthiessen，2014）。广告内容描述的现实是否为真还有待考证，但环境要素的对立面特征已悄然设立起来。与将环境设为对立面相比，美方 Nest 则更注重鼓励式情感体验，在例 2（a）中鉴赏资源"beautifully"和"comfortable"两种情感反应的使用，以及"and"作为并列衔接词的功能可以看出，广告方有意将"keep you comfortable"和"help save energy"等同起来，通过情感愉悦性的增加加强后者"save energy"的销售目的。

Nest 和小米在情感资源表达方式上的不同缘于中西方思维方式的差异。一方面，从情绪表达方式来看，西方英文作者重视情感词汇的逻辑性、真实性，希望通过达到与读者情感上的认同来获取其对观点的认可；中方则更倾向客观的描述来保证作品的权威性和严谨性（蒋婷、杨霞，2018）。另一方面，美国生态哲学关注人与人、人与自然两种关系的互动发展（Perhac，1999）。受近代人类中心主义生态观的影响，广告中的自然要素往往是以强大、可征服的对立形象出现在大众面前，而人的行为则因生存需要变得理所当然（Hansen，2002）。而在 Nest 广告中，使用情感词汇的最终目的在于引起消费者更好地驾驭自然的共鸣，为产品营销埋下伏笔（Alexander，2009）。而小米广告的情感体验则更多地隐匿于人们对先进科技功能的信任和预测。这种单一维度倾向的科技价值观以高评价性的鉴赏词汇放大了科技的生态功能，同时也潜移默化地削弱了人对自然的敬畏，使人们改造和掠夺自然的行为变得更加心安理得（庄穆、董皓，2016）。

（2）中美广告社会因子影响下的生态性

社会因子是保持人际关系的关键因素（Dimmick，2003）。广告中，中美双方均倾向于使用拟人的方式修饰话语，在塑造产品环保形象的同时，亦能拉近与消费者之间的距离。然而，双方在构建产品与人的联系时，也通过两种不同的语言策略：施事缺失或宾语前置，模糊企业应承担的社会生态责任。如：

例 3　a. Check your Energy History.
　　　　See how much you save.
　　　　And see how to save more.
　　　　Know if there's a problem.
　　　　Nest can tell you about your furnace, filters and more.
　　　译文：
　　　查看能源历史，
　　　了解节省之道。
　　　发现更多储能之处，
　　　探寻问题症结。
　　　Nest 能告诉你暖气炉、过滤器等情况。
　　　b. 米家温度湿度传感器，温湿度实时监控，异常提醒，智能联动，实时监测。

拟人是构建人与物、人与自然联系的重要修辞手段，也是理解智能科技话语中社会生态性的关键所在（Goatly，2018）。从例3（a）可以看出，Nest 主要通过一系列动作过程、心理过程，如"check""see""know""tell"等词，实现"产品功能"向"人的本能"的转变。同样地，小米则主要通过物质过程，如"监控""提醒"等判断资源，赋予产品以人的责任。可以看出，相比传统家电广告，智能家居广告话语更注重"活化"产品，突出"智能"。

例 4　a. Turns itself down when you leave.

It uses your phone's location to know you're away.

译文：你离开时自动调低温度，

凭借手机定位，智能感知你的离开。

b. 远程控制。

小爱声控。

睡后调温。

电量统计。

此外，该手法也会在中美广告话语中交替出现，用于隐性地获取用户隐私。如例4（a）中 Nest 使用的物质过程"Turns itself down"，将产品塑造为独立，甚至是有智力的人物形象，为后文使用"uses""know"等物质过程、心理过程来获取用户的定位和行程背书。同样的意图在中方小米的广告中也有出现，如"控制""声控""调温""统计"等物质过程的出现，借用智能家居的节省能量的名义，行窃取隐私数据之实。久而久之，智能产品主动记录数据甚至变得理所当然。从表层来看，通过拟人构建的虚拟形象，产品与人的交流得以实现，二者的关系似乎达到了新的平衡。然而，正因如此，拟人也让人与自然、人与器物的界限变得模糊起来（Goatly，2018）。

这种模糊则体现了 Nest 和小米在其广告中试图隐藏其负面生态效应的倾向。其中，Nest 广告存在大量施事缺失的现象，如例3（a）的前四句中，各个过程的实施主体被省略，人们的目光自然而然地聚集到了一系列拟人过程之上。而在生态话语中，施事缺失恰好是逃避生态责任的手段之一（Halliday，1990）。小米则大量使用受事主语句，如例3（b）中，环境要素"温湿度"作为动作宾语，在句法位置上却成为一系列监测动作的实施主体。

由于认知容量有限，受众只能通过"大脑皮层的过滤"，允许极少数的广告信息进入大脑（李国庆，2006）。这一置换不仅将读者的注意力集中到动词本身，其动作来源的责任更是被削弱，甚至有意转移至受事上来（Goatly，2018）。而作为受事的"温湿度"不仅失去了话语权，亦成为潜在的追责对象。此外，在例4（a）、4（b）中，同样的手法在双方广告话语中得以替换出现。如例4（a）中的物质过程，例4（b）中的施事缺失现象。无论是施事缺失还是受事作主语，两种不同的句式均表明：话语背后所含的企业社会生态责任变得难以度量。

与传统的工业技术不同，智能科技的发展为人与人、人与物进行沟通交流创造了便利，而"智能"所构建的虚拟形象也为企业和消费者进行责任转移提供了可能。目前，国内外对虚拟形象的关注多体现在技术实现上，对其言论发表、伦理道德的管理并不完善。由于缺乏明文规定，这也使一批商家借由推销智能产品的契机，利用生态话语策略监视着用户的生活，同时逃避着应承担的企业社会生态责任。

（3）中美广告认知因子影响下的生态性

从认知因子角度来看，双方都倾向于用简单的强调性副词来表达观点，增强消费者认同感。认知因子在智能家居广告中是指影响广告内容的布局方式以及深层信息等相关因素，主要对态度系统中的评注和结构子系统产生影响。通过图2-4的数据我们可以看出，认知因子对中美双方智能家居广告的语言资源配置影响较小，差异不大，如：

例5　a. Even more savings all year around. 译文：全年更多节省，无时不在。

b. 我们对它进行严格的技术把关，只为让每个家庭多一层保障。

从内容上看，认知因子是情感因子的理性延伸，因此，广告方极少使用复杂晦涩的词语，而选用意义突出的强调性副词增强其他影响因子的影响效率，力求用最少、最简明的语言获得效益的最大化。由例5（a）、5（b）可以看出，中美双方同时使用"even（甚至）"和"只为"两种强调性情感资源，对产品的功能进行进一步强调，增强消费者对节能好感的同时推动了前文信息的消化理解，而这一现象与广告体裁密不可分。从形式上看，中美广告中的话语结构、格式排版、遣词造句都遵循着最简原则，旨在情感因子、社会因子、满足机会的基础上推动广告信息的最大程度流动和传播。

（4）中美广告满足机会影响下的生态性

由图2-4可见，认知因子与满足机会因子对中美双方智能家居广告的态度资源分配影响较小，且双方差异不大。但值得注意的是，在满足机会的影响下，中美双方的话语表述采用了常见的自然资本核算（natural capital agenda）的方式来宣传其环保效果，如：

例6　a. The Nest Thermostat E's energy-saving features have saved people an average of 10% to 12% on heating bills and 15% on cooling bills. 译文：Nest Thermostat E 智能温控器的节能特性，让用户取暖账单平均减少10%—12%，冷气账单更是降低15%。

b. 外壳采用抗UV材质，外观长期使用不褪色；

低功耗，一颗纽扣电池在正常情况下可使用两年。

自然资本核算特指将自然要素以经济效益为单位进行价值核算的方式，同时也是现代经济中新自由资本主义（Neo-liberalism）宣扬节能环保的主要方式（Goatly, 2018）。如例6（a）中，Nest指出，"energy-saving"可直接等同于25%—27%的经济效益。同样地，小米则强调高品质、长时间带来的隐性收入回报，从而满足消费者的价值充实感，如例6（b）中"长期使用""不褪色""使用两年"等隐性量化鉴赏资源。双方差异不仅与社会因子所述的高低语境文化差异有关，还源于东西方消费观念的不同。Nest代表的美国属于典型的"高消费—低储蓄"的过度消费模式，鼓励效益之间"变现"，刺激消费。而在例5（b）中，中方小米则属于"高储蓄—谨慎保守型"消费模式，提倡节俭及其带来的附加效益（严先溥，2010），如多余的时间、高品质的心理满足、节能的潜在收益等。因此，在介绍产品带来的生态效益时，Nest显得更加直接、目的性更强，相比之下小米则较为含蓄，聚焦隐性收入回报。

例7　a. These days, installing security cameras is simple and affordable, and many people do it themselves. 译文：如今，安装安全摄像头很简单又能负担得起，很多人自己动手安装。

b. 水浸传感器可根据需求随意放置使用；隐藏式按键设计，与外观结构融为一体，实用又美观。

如例7（a）中Nest使用"simple and affordable"直接将产品

的安全性能转化为可支付的经济估值,以及小米隐晦地使用"实用又美观"来概括产品设计的潜在体验效益、经济效益,这种核算方式将产品的节能效益可视化,被核算的对象往往被称为人类中心主义的中介(anthropocentric mediations),也就是被赋予了人类价值判断的载体。短期内的确有益于刺激消费、调动人们的环保积极性。然而,这种核算方式同样带来一个常常被大众忽略的问题:如果节能仅是为了经济效益,那我们进行绿色消费的意义、所节省的能源,以及被保护的对象到底是什么(Harvey et al.,1996)?

(六)结论

本书以中美智能家居广告话语生态性为例,探讨语言内外环境下双方生态性的异同,得出以下结论:(1)中美双方品牌态度资源分配共性与差异并存。差异在于双方对态度资源的分配各有侧重。美方倾向于以直接、朴素的情感资源构建人与物的情感联结,而中方则注重委婉、谨慎的判断和鉴赏资源,强调"科技改造自然"的可能。共性在于二者表达方式虽有不同,但话语中所体现的生态性均带有较为强烈的人类中心主义色彩。(2)中美智能家居广告态度资源分布的异同与其外部影响因子密不可分。其中,Nest 受情感因子影响较大,重点关注消费者的直接情感体验与心理过程。小米则受社会因子影响较大,强调科技改造环境的物质过程。(3)从影响因子角度来看,中美双方态度资源的分配差异源自不同的思维方式、经济文化背景、时代特色,以及生态哲学观。具体来看,美方属于低语境文化特征,更关注人的情感体验、重视逻辑推理,因此在智能家居广告话语中态度直接,对象明确,侧重话语内容的情感共鸣。中方属于高语境文化,重视科技的力量,强调话语的权威性,更注重产品的实际功能。因此，在话语的表述上更加客观委婉和谨慎，对判断和鉴赏资源笔墨较重，社会属性较强。

综上，智能时代下中美双方智能家居广告话语中的生态性虽有所不同，但二者在智能科技与环保节能的主题上达成了一致共识。其中，话语中的器物拟人化、环保责任感的出现都是人与自然、人与技术关系以及人与环境之间联系越发紧密，双方生态观与时俱进的具体体现。然而，无论是美方重人本还是中方重技术的生态观，在处理人、自然、技术环境三方平衡发展的和谐关系上仍然都有所欠缺，存在人类效益极端化、科技功能极端化的两极化隐患。双方的语言表达虽存在差异，但无论是情感因子中的"自然征服"、社会因子中的"责任逃避"，还是满足机会中的"自然资本核算"，均是人类中心主义在不同层面的再现。因此，作为智能时代下科技产品输出的排头兵，中美智能家居广告应主动进行优势互补，调节平衡，实现销售目标的同时承担起对环境保护的责任。

以广告为例的非环境类话语从社会层面展示了语言资源在社会生态系统中的"生存"法则和分布状况。通过影响因子分析，我们发现，同一体裁下的语言资源不均衡分配特征与其所处的不同文化环境差异基本对应。研究结果不仅从学科融合的角度验证了生态位理论在话语分析中的应用可行性，在智能时代背景下，二者相结合的关于科技生态性的讨论也将模糊的社会问题具体呈现出来。这一研究是语言学理论在理性层面的延伸，也是生态学内容在社会场域的应用扩展。

三 生态位视域下的环境类话语研究

与非环境类话语相比，环境类话语是指与人类生存环境相关的各种语言表述和讨论。其中，昆虫汉语俗名，中国民间的昆虫指称语，就是一类典型。

昆虫汉语俗名形成于体验认知与现实环境的互动之中，常被赋予强烈的感情色彩，反映并建构了昆虫、人、环境的关联性。本小节聚焦三元互动生态位视域下昆虫汉语俗名的态度意义研究，并以瓢虫、蜚蠊之俗名为例，以"现实—认知—语言"的三元互动及语言生态位为依托，建立三元互动生态位框架，从北京语言大学语料库中心（BCC语料库）、词典、昆虫著述中收集瓢虫俗名共37个，蜚蠊俗名共30个，分析两者汉语俗名中的隐性态度及其产生的认知理据及环境因子，并挖掘其生态内涵。研究表明，瓢虫、蜚蠊俗名所引发的态度资源均以鉴赏为主，而俗名的态度极性在认知机制与环境因子的互动中产生并呈现出多样性，其中瓢虫俗名以积极、中性为主，蜚蠊以消极、中性为主。究其生态内涵，两类昆虫在自然因子影响下的转喻式俗名表现出"生态中心主义"，社会、文化因子影响下的隐喻及转喻式俗名表现出"人类中心主义"。本书从俗名中反思人与昆虫的关系有利于重构人们对昆虫的认知并推动命名的生态化。

（一）研究背景

2019年年末以来，野生动物、生物多样性和人类健康的关系已经成为人们关注的焦点（李彬彬，2020）。然而，作为自然界中最丰富的动物——昆虫，它们在保持全球生态系统平衡中起到的根本性作用未得到足够的重视（Yi et al.，2011；张茂林、王戎疆，2011），甚至在与人类的互动中受到人类心理上的厌恶以及行为上的威胁。在互动过程中，人类将自己的语言强加给动物（昆虫），创造出具有强烈评价意义的名称术语，传达着积极、消极或中性的态度（王兴隆、陈淑梅，2007）。每个名字的态度价值背后都有一个特定的"故事",它具有深刻的生态含义,决定了我们如何对待生态系统(Stibbe,2015)以及人与动物的关系。

鉴于命名术语所反映的生态含义,相关语言研究逐渐从结构主义视角(李海霞,2000;王兴隆、陈淑梅,2007)开始向生态主义转向(Gibbs,2001;Dunayer,2001)。前者纠结于命名的任意性与理据性之争,但"未能深入研究名称的指代和外延,更是独立于自然生态和社会文化生态进行探索"(Nash & Mühlhäusler,2014:26)。后者侧重于语言和生态之间的相互作用,为探求人类和非人类物种之间的关系提供了深刻的见解(Li et al.,2020)。具体来看,动物命名系统中人类评价的不平等性已经得到证实(Gibbs,2001)。相关结果表明,具有社会文化价值的物种比那些对人类而言"无关紧要"的物种更容易得到属于自己的名称(朱长河,2008)。然而,已有研究虽指出了命名系统中物种主义的存在,却没有深入分析某个包含潜在生态"故事"的名称的态度价值。因此,学者们开始通过查询语料库、访谈、问卷调查等方法,揭示隐藏于某些特定动物名称术语中的评价意义(Trampe,2001;Heuberger,2003,2007;Sealey & Charles,2013;Sealey,2018)。研究结果均证明,动物名称会受到人类认知和人类价值观念的影响而表现出人类的态度价值。

尽管针对命名系统的生态话语研究取得了一些进展,但仍存在一定局限性。以往关于名称术语的研究几乎没有讨论环境因素对人类认知动物和创造语言的影响。此外,在汉语语境下进行的研究很少,即针对汉语动物俗名的生态实证研究较少。汉语中有大量的昆虫俗名(例如,在汉语中,蟑螂至少有37个俗名,瓢虫有30个俗名),作为中国民间的称谓方式,这些名称来源于人们对昆虫外部结构、习性和功能的直接观察、直觉、生活经验和常识（王逢鑫，2001：352）。它们虽多用于指称，但人们从自身的利益出发为虫类进行褒贬性命名（王兴隆、陈淑梅，2007），其中蕴含的生态观甚至暗藏的"人类中心主义"等非生态思想，对生物多样性保护以及生态平衡造成了影响（赵奎英，2013）。因此，揭示昆虫俗名的生态内涵，不仅能够洞察人与昆虫的关系，也有利于通过语言自省重构人们对昆虫的认知，推动昆虫命名生态化。

（二）文献综述

生态语言学的传统经典研究模式可分为"豪根模式"和"韩礼德模式"。前者将语言和言语社区的关系比喻为生物和自然环境的关系，强调语言生态学的研究重点是语言及其自身使用环境之间的相互作用。后者所理解的"环境"是物理世界的生态环境，关注语言与现实生态环境的双向互动（黄国文、赵蕊华，2019）。其中，词汇的生态性是"韩礼德模式"下生态语言学关注的重点之一。作为词汇系统的重要部分，名称构建在认知环境与自然、社会、特定文化环境的互动之中，常被赋予强烈的感情色彩（王兴隆、陈淑梅，2007），并暗藏着"人类中心主义"等非生态思想（赵奎英，2013）。其中，昆虫汉语俗名属于中国民间的指称语，是人们了解昆虫的特征后对昆虫的感受与记录（陈晦，2014b），具有"唯人参之"的特性。因此，关注命名，尤其是昆虫汉语俗名的生态性对我们从词汇角度着手关注语言生态具有重要意义。

由于事物命名与人们对客体特征的观察有着密切的联系（范守义，2003），学界多从"象似性"以及隐喻、转喻等认知视角对命名理据进行探析，同时在此过程中发现了名称中所体现的人类情感态度，并进一步关注到了名称中反映出的生态认知问题。

在语言学界，"名"与"实"结合的约定性和理据性是一个古老的话题（徐莉娜，2006）。在结构主义观点的影响下，语言与意义的任意性原则主宰多年（王红生，2017）。但随着认知语言学的发展，语言被视为人类对物质世界进行认知加工的结果，对词语理据的研究也处于现在进行时阶段（李二占，2015）。其中，名称作为强理据性的语言符号，以一定语言系统内的规则和语言系统外的原因为基础（姜永琢，2008），因而受到了学界的广泛关注。学者们在观察词汇的理据性时发现了词汇的音、形或结构与其现实所指之间会映照相似的特点（张喆，2007；王寅，1998），并表现出诸如语音象似性或形态象似性等特征（张海涛，2017），这在汉语动物命名取向过程中尤为明显。根据李海霞（2000）对汉语动物命名语素（简称名素）的定量分析发现，在其命名优先规律中体现着"视觉优先、听觉次之"的特点，即汉语动物命名以形态象似性为主，以语音象似性为辅，且命名活动中所用名素可归为"形态名素""文色名素""性态名素""动作名素""绘声名素""食物名素""功能名素""时空名素""比喻名素"及"类别名素"。通过进一步观察动物类别中昆虫的命名，王兴隆与陈淑梅（2007）将昆虫俗名的理据性归为形体特点、生活习性、于人利害、喻代命名、借称命名、同义相授、音转途径、合音途径八大方面，与名素的分类存在异曲同工之处。与此同时，该研究也发现"虫类名物词的理据往往带有古人的感情色彩，以人类本身的利益得失为出发点对虫类进行褒贬性命名"（王兴隆、陈淑梅，2007：69），这为从语言角度研究人们对动物或昆虫的态度评价提供了研究路径。

然而，目前对名称态度意义的研究往往集中在通过观察与动物有关的习俗语或谚语来分析人的情感态度及其背后的文化积淀。其中，张巨武（2008）通过对比英汉语言中的动物词语比较不同民族对动物相同或不同的立场；谭耀庚和赵敬钊（2003）则介绍了英汉昆虫名称所产生的诗句、成语、谚语和俗语的态度内涵及其对各自文化的影响。此类研究均以文本的语义倒推人们对动物尤其是昆虫的态度，却忽视了俗名构词本体所具有的评价性质。

此外，由于语言与生态环境之间存在互动关系，名称的形成是认知对现实的反应，因此学者们对名称的认知视角分析也开始向生态性拓展（朱长河，2015；王寅，2018）。已有研究通过分析动物隐喻（animal metaphor）中人类与动物的关系揭示人的生态观念（王俊杰，2015；叶琼琼、陈丹璐，2020；Goatly，2006；Sommer & Sommer，2011），但此类研究是从隐喻中反向推导人类投射于动物意象中的情感，并未从动物名称自身的意义、理据等入手观察动物名称中所隐藏的生态内涵。国内研究则关注到了植物名（陈晦，2014）、食物名（陈睿，2018）本身命名理据基础下蕴藏的生态哲学意义，但对动物尤其是昆虫名称的生态性探索却稍显不足。王寅（2018）的研究是为数不多的尝试之一，该研究基于"现实—认知—语言"互动观的指导，以"蚕"和"蜜蜂"的英文名称为例，反思词汇形态中的价值判断。但此研究并未从汉语语境出发关注昆虫俗名，且欠缺对语言产生的现实环境因子分析，更未通过环境、认知、语言的有效连接来解读深层的人类中心主义。

鉴于此，本书考虑到瓢虫和蟑螂在中国的普遍性和丰富的中文命名资源，拟选取蜚蠊、瓢虫的汉语俗名，从其理据性以及生态性出发以填补现有研究对昆虫汉语俗名中态度意义以及生态内涵关注的不足，并在汉语语境下研究蜚蠊、瓢虫俗名中语言、认知及环境的互动关系。

（三）理论框架

通过对以往研究的回顾，可以发现学者们已经关注到名称的命名理据及其所带有的态度评价与生态特性。文章试图将语言生态位理论与认知语言学中"现实—认知—语言"三元互动观相结合，探讨名称的内部语言特征、认知理据特点及其与现实环境的互动关系。具体来说，全书主要分为三个部分：首先，简要介绍语言生态位理论，该理论包括语言的内部环境和外部环境，以及两者之间的双向互动关系。其次，详细介绍认知语言学核心的三元互动观，在语言内外环境互动的基础上强调认知环境的中介作用。最后，将生态位理论与三元互动观结合，并具体介绍俗名的内部环境、认知环境以及现实生态环境。本部分将详细阐述这些理论的功能、作用以及相结合的合理性。

1. 语言生态位

在生态语言学发展之际，语言学家们开始关注语言与环境之间的关系，揭示语言在反映和构建生态现实中角色和作用的同时，也强调环境对语言的影响（黄国文、赵蕊华，2019）。鉴于此，学者们将"语言"放进"生态位（ecological niche）"这一重要生态学概念中思考其生态环境因子（Sinha，2017），并在此基础上分别构建"语言"与"语言环境因子集合"两大模块，厘清了语言内生态环境与外生态环境的双向耦合关系（见图2-5）（李文蓓，2018）。

一方面，语言内生态环境的变化反映语言自身的发展，是语言变化的内因（李文蓓，2018）。从系统功能语言学视角来看，语言的内生态环境是一个多层次系统（杨炳钧、尹明祥，2000；Halliday & Matthiessen，2014），包括语义层、词汇语法层和音系层。其中各个层次之间存在着体现（realization）关系，对意义的

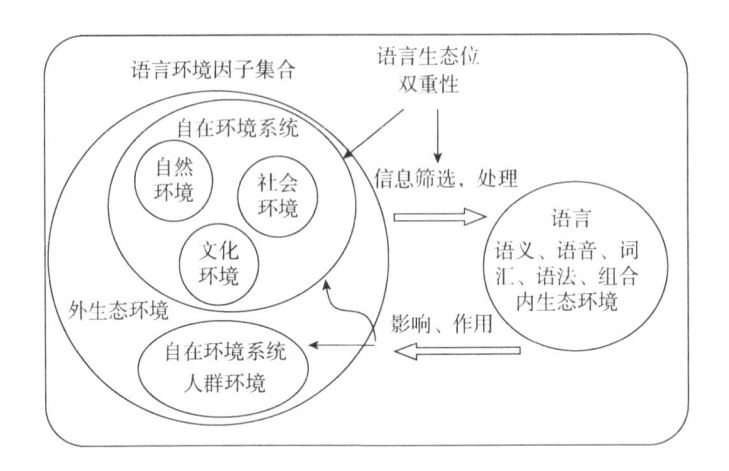

图 2-5 语言生态系统的语言生态位（李文蓓，2018）

选择（语义层）体现于对语言"形式"（词汇语法层）的选择，对"形式"的选择又体现于对实体（音系层）的选择（刘英凯，1999）。而语言在反映现实环境的同时，其自身的发展与进化也是不断适应环境的结果（严辰松，1997），因而会受到外生态环境因子的影响。

从这一角度来看，语言的外生态环境是语言生存和发展的条件（李文蓓，2018）。语言归根结底处于自然、社会和特定文化环境之内的人群系统之上，是生态系统中的重要组成部分（李国正，1991）。因此，影响语言发展的外生态环境因子可归纳为自然环境、社会环境、文化环境以及人群环境。在自然结构环境中，地理因子、气候因子、景观因子等都会对地方语言产生影响（李国正，1991）。已有研究发现，由于人群往往聚集于一定的空间地域内，其语言（包括地名、动植物名等）不可避免地要反映该区域所具备的区域特征、气候条件以及物产特点（贾利军、肖文娟，2013；Penko Seidl，2019）。而语言生态只有在社会环境中才能充分释放其潜力，语言的历史变革与社会变迁息息相关，其中经济、民族、宗教、阶级、政治等也是语言心理与意义的重要影响因子（李国正，1991）。众多研究均证实文字、词汇与语法的发展会在很大程度上反映创造这套语言体系的社会群体的经济活动模式，甚至会影响区域经济发展（Heller，2003；Mwaniki，2016；菅志翔、马戎，2021）。此外，语言系统与文化结构环境中的物质文化、思维因子、观念因子、社会习俗因子的关系也甚为紧密，不同民族语词结构、词句联结方式的差异均会受到文化因子的影响。文化的交流亦使不同文明产生交融，并在潜移默化中影响各种语言的语义、构词、语音等（王如利，2021）。而人群因子则在语言与环境中起到交流的作用，为两者的相互作用提供传播通道。可见，语言内生态环境与外生态环境的双向互动是语言进化的要求，也是语言动态变化的生动体现。

然而，越来越多的研究发现语言亦是对认知环境的适应（Pinker，2003），心理生态环境或认知生态环境是影响语言发展的一个重要方面（常远，2019）。因此，有必要在分析语言生态性的过程中关注语言产生的认知生态环境。

2. 三元互动观

从体验哲学（embodied philosophy）与具身认知（embodied cognition）发展而来的认知语言学强调"现实—认知—语言"的三元互动，认为现实环境与语言之间还存在着人类认知的重要中介作用（王寅，2019）。三者的关系可以归纳为：人类在现实中获得身体与环境的互动体验，通过对互动体验进行认知的编码形成语言，而语言自身的发展也会对认知和现实产生影响。可见，"现实决定认知，认知决定语言，语言又反过来影响认知，并继而影响现实"的"三元互动观"（朱长河，2015）超越了"语言外生态环境因子"与"语言内生态环境"的双向耦合关系，突出了人类认知的地位。

从认知视角出发,语言具有"唯物性"与"人本性"(王寅,2019)。一方面,语言的编码意义是对现实的投射(Jackendoff,1983),物质的"第一性"是语言产生的关键所在。在与现实环境的互动过程中,人们与实体的接触为认知的加工处理提供了信息基础,从而使语言能够具有反映客观现实的"象似性"(王寅,2011);另一方面,语言是"唯人参之"的产物(王寅,2009),其与现实环境的"象似性"并非直接构建,而是依靠思维、精神、心智等认知要素的桥梁作用。在体验世界的过程中,跨概念域的映射识解现实(隐喻)或是在同一概念域中进行意义的拓展(转喻)都需要人类认知机制的干预,形成语言的过程也势必要打上人为因素的烙印(王寅,2011)。

可见,认知语言学强调语言是主客观因素联动的产物,其不仅推翻了传统的意义二元观,同时也突破了Frege"涵义论"的三角模式,将"语义三角"中表示客观镜像性的涵义(sense)替换为主客兼顾的体认(cognition),并彻底阻断了语符(symbol)与所指对象(referent)之间的直接联系,最终形成"现实—认知—语言"的三元互动观(王寅,2011)。然而,认知语言学对"现实"的思考并不充分,现有研究仅将其归纳为人类身体和物理空间(王寅,2013),也未将"现实"对"认知""语言"的影响进行具体的实证分析。因此,有必要将三元互动观与语言生态位相结合,从而为生态性的阐释提供更全面的分析路径。

3. 三元互动语言生态位

语言形成于人们对现实世界的互动体验和认知加工,又能反过来影响认知,继而影响现实(王寅,2018)。这种"现实—认知—语言"的三元互动是认知语言学的核心,与生态语言学所提出的"语言生态建构论"存在共性(王馥芳,2017)。然而,认知与生态范式的研究均存在偏颇,前者对语言产生的社会文化动因关注不足(Croft & Cruse,2004),后者对语言"认知生态环境"的探讨则较为有限。基于以上两种范式的可借鉴性及其内在局限,我们有必要借助认知语言学中的分析工具进行语言的生态性分析,并以生态语言学的理论框架丰富认知语言学的意义构建(王馥芳,2017),通过分析"语言""认知""现实环境"的互动关系从而更好地揭示昆虫俗名所体现的生态内涵。

(1) 态度系统作为俗名内生态环境

就昆虫俗名的内生态环境而言,俗名的词汇本质决定了其具有表征评价意义的功能(彭宣维等,2015),而作为指称符号的属性又决定了其多以引发态度(invoked attitude)的形式间接表达评价(宋健楠,2019)。评价理论核心的态度系统对于揭示隐性态度的实现具有至关重要的作用。它基于心理学、伦理学及美学提出三个子系统:情感、判断、鉴赏(见图2-6),并指出隐性态度多由词汇隐喻、非核心词汇、事实陈述中概念意义所引发(invoke)(见图2-7)(Martin & White,2005)。

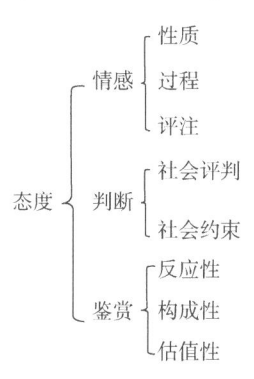

态度
- 情感
  - 性质
  - 过程
  - 评注
- 判断
  - 社会评判
  - 社会约束
- 鉴赏
  - 反应性
  - 构成性
  - 估值性

图2-6 态度系统(Martin & White,2005)

```
        ┌ 铭刻
   态度 ┤        ┌ 激发        ┌ 旗示
        └ 引发 ┤       ┌ 致使 ┤
                               └ 承担
```

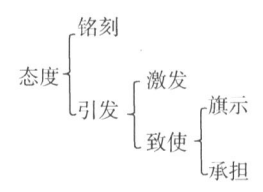

图 2-7 铭刻态度与引发态度的
识别（Martin & White, 2005）

其中，情感（affect）属于反应，表现为人对昆虫行为、过程及相关事件所产生的情绪，涉及积极和消极两个对立方面，在昆虫俗名中多表现为"愉悦性/非愉悦性""安全性/非安全性""满意性/非满意性"等情感范畴。判断意义（judgement）是基于一定社会规范和伦理道德对昆虫及其行为方式的评判与约束，其中社会评判从态势性、能力性、可靠性等角度出发，关注昆虫的习性、功能等；而社会约束则涉及真诚性与恰当性，从人类角度出发聚焦昆虫行为的社会意义。鉴赏意义（appreciation）来自对昆虫外表、价值的评估，主要表现为反应性、构成性以及估值性评价。对昆虫的反应性鉴赏涉及冲击与品质两方面，是对昆虫是否吸引注意以及是否引发喜爱之情的表达；而构成性鉴赏则关注昆虫的形态结构；估值性鉴赏是对昆虫社会地位、重要性的体现。

然而，无论是情感意义，还是判断和鉴赏意义，人们并未直接将态度铭刻在俗名之上，而是通过隐性方式间接表达主观评价（见图 2-7）。具体而言，对态度的激发（provoke）往往由词汇隐喻实现。例如在"他们像赶羊群一样驱赶我们"这句话中，通过将"我们"隐喻为"羊群"表达了对"他们"的不满（Martin & White, 2005）。而在昆虫俗名的形成过程中，人们也会将日常经验投射到一定的物体或事物之上，并以此作为昆虫俗名中的构成要素，从而使他人能够"望文生义"，从隐喻中抒发并了解社会群体真实的态度感受。此外，尽管所有语言中都有情绪词和态度词，但一些表示行为、暗示程度、表达转折的词汇也含有评价等言外之意，从而起到旗示（flag）态度的作用。在昆虫俗名中，人们会运用诸如"偷""送"等形容昆虫行为的词汇来暗示人们的态度。更特别的是，仅用于表示概念意义、陈述事实的词语也能够承担（afford）人们的评价。正如在一定社会文化背景之下，颜色词能够代表不同的情绪感受一样，昆虫俗名中对昆虫外观、形态的描述也因人们的审美感受之差异而承担着不同的情感意义。

俗名的引发态度虽以词汇语法表达，但其语义属性的生成与理解仍依赖于主观与客观、认知与环境的互动（Horarik & Anne, 2014）。因此，挖掘俗名的生态性需要进一步分析俗名中隐性态度产生的认知生态环境及其现实生态环境。

（2）转喻—隐喻连续统作为认知生态环境

从生态视角看，人类在收集和交换信息的过程中占据了更大的生态位（Pinker, 2003），而语言的"体认性"也形成了一种自我建构的认知生态位（Clark, 2006）。作为认知基础的概念转喻与概念隐喻在其中占据了重要地位，为俗名内生态环境的变化发展提供了信息的加工通道，从而形成了俗名的认知生态环境。

具体而言，隐喻和转喻不仅是语言层面的修辞手段，也是人们思维中内化的认知方式。其中，隐喻的产生基于事物的相似性（similarity），其本质是用一种事物去理解和体验另一种事物，可具体划分为方向隐喻、结构隐喻、本体论隐喻、容器隐喻以及拟人隐喻（Lakoff & Johnson, 1980）。语言学界曾认为隐喻是识解世界的最基本方式，但近年来，转喻作为认知基础的地位得到了越来越多学者的支持（王天翼、王寅，2017）。从根本上看，转喻具有参照功能（referential function），允许我们用一个实体代表另一个实体。其以心理上突出的源域作为达到目标域的认知参照点（刘辰、郑玉琪，2016），基于事物之间的邻近性（contiguity）而构建意义（Kövecses & Radden，1998），是一般思维规律更易激活的认知机制（王天翼、王寅，2017）。由此，转喻机制在语言结构的形成过程中起到决定性的作用（潘震，2013），而隐喻机制的运作也会以转喻识解为前提，从而在经验基础（common experiential basis）、分类结构（category structure）、文化模式（cultural models）的影响下形成一个"隐转喻连续统（metonymy-metaphor continuum）"，并形成"基于转喻的隐喻"，即隐转喻（metaphtonymy）（Radden，2003）。这就意味着名称中所涉及的概念实体的关系会因为凸显角度的不同而更接近于连续系统的某一端或介于之间，从而将名称分为转喻式、隐喻式及隐转喻式（陈睿，2018），再一次丰富俗名的认知生态环境。

此外，作为态度的隐性表达方式，隐喻、转喻及隐转喻也能够实现人际功能，从而与俗名的内生态环境形成紧密的联系。就隐喻而言，其不仅允许人们映射概念，也可以通过将人们对源域概念的评价投射到目标域概念之中来引发态度（宋健楠，2016），从而塑造情感和伦理的表达（梁晓波、曾广，2016），并带来价值观和意识形态的变化。转喻则通过凸显或抹除现象特点的方式表达态度，具有评价、传播意识形态、定位等功能（Littlemore，2015）。在修辞学中，转喻作为一种说服手段，可以创造一个新的范畴，然后由语言发送者通过唤起消极或积极的情绪来对其进行评价

(Littlemore，2015），也为揭示话语生产者的意识形态提供了分析路径（刘辰、郑玉琪，2016）。而作为隐喻与转喻的结合，概念隐转喻在凸显人们认知定位的同时为目标域投射源域的评价意义，从而实现人际意义的表达。

进一步来看，根据连续统的存在基础，认知模式及情感意义的产生与识解会受到文化、社会、历史等因素的影响（潘震，2013；张炜炜，2019）。因此，挖掘态度意义的深层内涵也要考虑语言外部环境中与语言相关的成分。

（3）现实生态环境

根据三元互动观以及语言生态位理论，语言的产生依赖于人们的认知机制从自然、社会、文化等环境系统中获取信息。可见，各环境因子为俗名的认知加工提供了信息资源。此外，各环境因子也作为评价标准的参考要素，在不同程度上导致了评价与衡量标准的差异（刘世铸，2007），从而影响昆虫俗名产生的认知机制，并使俗名呈现出多样的评价性，最终影响生态内涵的表达。

就昆虫俗名而言，作为自然景观的昆虫在自然环境中的形态变化、习性进化都会在一定程度上体现于命名之中，因为人们在观察昆虫的过程中便会将其凸显的特征作为命名要素，用体现其形态、文色、性态、动作、声音、食物、时空特点的"名素"进行转喻式命名（李海霞，2000）。然而，在社会文化的影响下，昆虫的自然属性也会被强加上人类的价值判断与情感色彩，因而体现出一定的褒贬性质（王兴隆、陈淑梅，2007）。社会环境中存在的经济、民族、阶级、宗教、政治等因素影响着人们对昆虫的价值界定，并影响着人们的思维角度与方式，从而使昆虫俗名体现出一定的经济性、民族性或是阶级性。此外，文化环境中所包含的物质文化、思维、观念、习俗等因子也形成了人们对昆虫的价值评价尺度（李国正，1991）。在文化价值观念的影响下，不同昆虫的俗名在其表层形式、底层内涵上都会存在人类所赋予的评价差异性。

（4）三元互动语言生态位框架

鉴于以上分析，文章选取瓢虫与蜚蠊的汉语俗名，从"现实（环境）—认知—语言"的三元互动视角出发，基于语言生态位理论，构建三元互动生态位框架（见图2-8）。

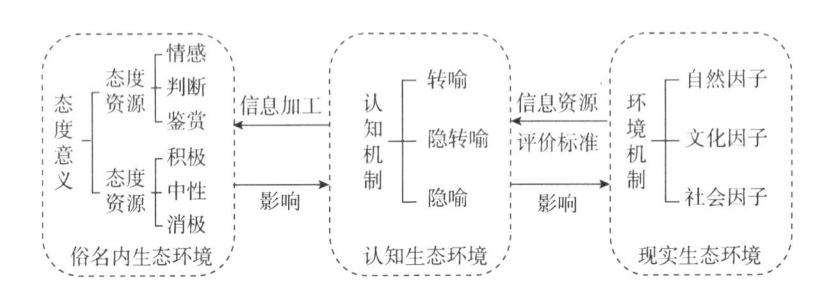

图2-8　三元互动生态位框架

如图2-8所示，作为词汇系统的一部分，昆虫俗名能够表征积极、中性、消极的情感义、判断义、鉴赏义，从而形成昆虫俗名的内生态环境。具体而言，昆虫俗名所表达的情感资源指人们对昆虫特征、行为的情绪反应，主要涉及品质类情感；判断资源指命名者依据一定的社会准则与共识对昆虫行为方式的评判；鉴赏资源是通过俗名反映人们对昆虫反应性、构成性、估值性的评估（Martin & White，2005）。而语言评价是在心理评价与生理评价的基础上产生的（彭宣维等，2015），现实环境为语言所提供的信息资源以及评价标准需要在认知环境的中介下起作用。其中，转喻、隐喻和隐转喻作为信息加工的认知机制构成俗名的认知生态环境。简言之，转喻式俗名基于昆虫的凸显特征展开评价,具有写实性;隐喻式俗名基于事物之间的相似性投射态度极具写意性;而兼有写实写意的特征是俗名属隐转喻式(陈睿,2018:209)。自然、文化、社会因子则在提供信息资源与评价标准的同时形成俗名的现实生态环境:地理、气候、景观等自然环境的差异会在一定程度上体现于俗名之中;文化环境中所包含的观念、习俗等因子形成了人们对昆虫的评价尺度;社会环境中存在的经济、民族、阶级等因素影响着人们对昆虫的价值界定,也影响着人们的思维方式。同时,俗名的评价性及其深层的生态内涵又会反作用于认知与现实。

因此,本书拟以俗名态度意义的动态构建为切入点,以其构建的认知机制及外部环境为分析路径,从而讨论俗名中态度意义产生的认知生态环境以及现实生态环境,最终揭示昆虫俗名态度意义背后隐藏的生态认知问题。

(四)研究方法

1. 研究问题

本书将主要针对以下两个研究问题进行深入的描述与分析:

(1)瓢虫和蜚蠊俗名的内生态环境具有什么特征?

(2)瓢虫和蜚蠊俗名的内生态环境特征与其认知及现实生态环境呈现何种关联性?

2. 研究数据

本书选取瓢虫与蜚蠊的汉语俗名作为研究语料,基于以下特征:首先,瓢虫与蜚蠊在中国的地理分布范围广泛,与各地区人民的生产与生活密切相关。其次,我们对方言汇编《现代汉语方言大词典》(全43册)中"虫类"名录下的昆虫汉语俗名进行预收集与统计,发现瓢虫与蜚蠊俗名的出现频率较高,类型呈现多样化,能为本书提供丰富且多元的俗名语料资源。鉴于此,我们继续从北京语言大学语料库中心（简称BCC），中医典籍如《本草纲目》《本草纲目拾遗》《陆川本草》，专著如《瓢虫 瓢虫》《蟑螂博物学》中收集两者俗名，构建其俗名语料库（除去重复，瓢虫俗名共37个，蜚蠊俗名共30个，详见表2-1）。

表2-1　　　　　　　　瓢虫、蜚蠊的汉语俗名汇总

类别	汉语俗名						
瓢虫	花大姐	花姐姐	花妞妞	花媳妇	花花姑	小媳妇	金虫
	新姑娘	花姑娘	麦大夫	花和尚	花姑孃儿	新娘子	放羊娃
	红娘	看麦娘	花豆娘儿	七星花鸡	送饭牛	乌龟仔	龟仔
	瓢虫	花花叫	花毛巾	花手绢	淘箩虫	半拉豆磕	半边豌豆虫子
	金花虫	花乌龟	花裹肚儿	花笋虫	硬壳虫	盖子儿虫	（花）壳子虫
	花魁	乌龟虫					
蜚蠊	香娘子	黄贼	赃郎	蟑螂	蟑火螂	虼蚱婆	油贼婆
	老蟑	虼蚱	蛸蛱虫	家猎	蠜	虼蠜	偷油婆
	滑虫	灶鸭	由甲	黄嚓	小强	灶蠊子	灶蟋蟀
	臊甲	蟑虫	负盘	石姜	油盐虫	油虫	蟑木虫子
	茶婆虫	灶马子					

3. 研究过程

本书采用MS Word宏功能编写赋码依据，对俗名的态度资源、认知机制以及环境因子进行标注，并根据俗名的命名原理及其词汇语义对俗名态度极性进行判断（如"花大姐"/鉴赏/积极/隐转喻/文化因子）。为保证数据收集的科学性和客观性，两名研究人员在经过培训后分别进行独立编码，其中一位编码员为研究者本人，另一位编码员为语言学专业在读博士生。为检验编码员间信度，笔者采用霍斯提（Holsti）信度检测进行测算，公式为：信度＝2M/（N1＋N2）。其中，M为编码员之间一致的编码数，N1为第一位编码员的编码数量，N2为第二位编码员的编码数量。当编码员的信度达到0.9及以上便合乎标准（Holsti，

1969)。经过计算,瓢虫俗名的编码信度为 0.93;蚱蟒俗名的编码信度为 0.95。因此,该分析结果具有可接受性。随后,再请一位语言学方向教师商议编码差异之处。最后,笔者将俗名的态度极性、认知机制、环境因子数据进行统计,并运用 R 编程语言(3.5.0 版本)对相关定类数据进行费舍尔(Fisher)精确检验(Fisher's exact test),在判断其是否呈现显著性的同时,分析其内在的关联性及生态内涵。

(五)结果和讨论

1. 昆虫俗名的内生态环境特征

作为俗名的内生态环境,昆虫俗名的态度意义由词汇语法系统所呈现,并影响俗名生态性的表达。根据俗名语料,本书首先对两类昆虫各俗名的态度意义进行了统计,数据如图 2 - 9 所示。

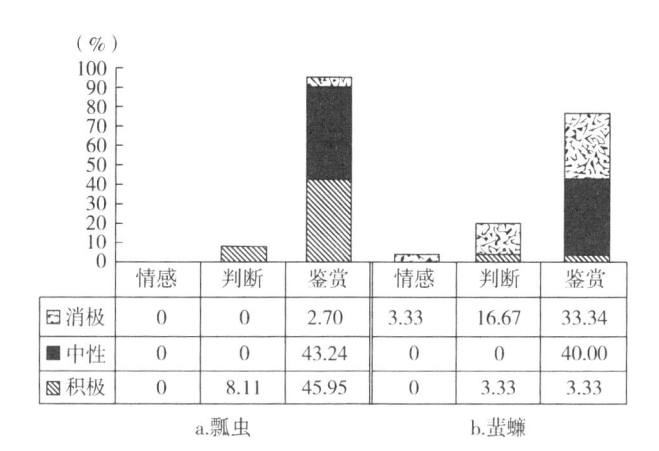

	情感	判断	鉴赏	情感	判断	鉴赏
消极	0	0	2.70	3.33	16.67	33.34
中性	0	0	43.24	0	0	40.00
积极	0	8.11	45.95	0	3.33	3.33

a.瓢虫　　　　　　　　　b.蚱蟒

图 2 - 9　瓢虫、蚱蟒俗名态度意义

结合图 2 - 9 与语料可见,瓢虫、蚱蟒俗名的态度意义特征主要表现为:两者俗名的态度资源排序均为鉴赏 > 判断 > 情感。具体而言,俗名中包含对瓢虫、蚱蟒外部特征的反应性及构成性鉴赏,如瓢虫俗名中"花""红"以及蚱蟒俗名中"香""黄"等词汇,在反映人们主观感受的同时,与人的亲属或社会称谓组合以表现其形象特点。此外,两者俗名也借用人的社会称谓如"贼""姑娘""郎"或亲属称谓如"娘""姑""姐"等,从社会评判、社会约束的角度引发判断范畴。

两种昆虫俗名的态度极性呈多元化。其中,瓢虫俗名以积极(54.06%)、中性(43.24%)为主;蚜虫俗名以消极(53.34%)、中性(40.00%)为主。人们在昆虫美观性或功能性的正负极性上进行主观评价,带来多元化的昆虫命名方式。根据命名原理,以"花"作名并借用亲属称谓的俗名,表达了人们对瓢虫美感与亲切感的欣赏(虞国跃,2008);而以具有负面意义的字词"偷""贼"等作名实则传达了人们对蚜虫损害人类利益的厌恶。有趣的是,呈中性评价的俗名则源于人们对昆虫外表相似性或邻近性进行隐喻或转喻式加工。如因瓢虫的圆形突起形象与"水瓢""乌龟"相似,故而瓢虫被冠以"瓢虫""乌龟虫"等隐喻式俗名(虞国跃,2008),命名过程中不带有明显的感情倾向。而如"黄嚓""油虫"的蚜虫俗名则突出其外观、习性等特点,亦属中性的转喻式命名。深层来看,瓢虫、蚜虫汉语俗名中存在人类的感情色彩与褒贬评价,其具体的态度意义并非显性地体现于名称之中,而是依靠隐喻、转喻等认知方式引发态度,且如"新娘子""灶马子"等俗名也需要借助环境因子进行具体的分析。因此,以下将从俗名的认知以及现实生态环境加以深层地解读。

2. 俗名内生态环境与认知、现实生态环境的关联性

为挖掘昆虫俗名中隐藏的生态内涵,本书结合三元互动生态位框架,对俗名态度意义、俗名产生的认知机制以及环境因子进行二次整理,并运用费舍尔(Fisher)精确检验对其相关性进行验证,具体结果呈现如下。

表2-2 俗名认知机制与态度意义、环境因子的独立性检验

昆虫俗名	类别	子类	认知机制（%） 转喻	认知机制（%） 隐喻	认知机制（%） 隐转喻	总计	p
瓢虫俗名	态度极性	积极	1（20.00）	2（20.00）	17（77.27）	20	0.001**
		消极	0（0.00）	0（0.00）	1（4.55）	1	
		中性	4（80.00）	8（80.00）	4（18.18）	16	
	环境因子	自然	5（100.00）	8（80.00）	4（18.18）	17	0.000**
		社会	0（0.00）	0（0.00）	3（13.64）	3	
		文化	0（0.00）	2（20.00）	15（68.18）	17	
		总计	5	10	22	37	
蜚蠊俗名	态度极性	积极	1（11.11）	1（9.09）	0（0.00）	2	0.016*
		消极	1（11.11）	8（72.73）	7（70.00）	16	
		中性	7（77.78）	2（18.18）	3（30.00）	12	
	环境因子	自然	7（77.78）	2（18.18）	3（30.00）	12	0.036*
		社会	0（0.00）	2（18.18）	4（40.00）	6	
		文化	2（22.22）	7（63.64）	3（30.00）	12	
		总计	9	11	10	30	

注：*表明$p \leq 0.05$，差异显著；**表明$p \leq 0.01$，差异非常显著。

从表2-2可知，瓢虫与蜚蠊俗名的态度极性与认知机制具有相关性（瓢虫：$p=0.001^{**}$；蜚蠊：$p=0.016^{*}$），其认知机制与环境因子亦存在相关性（瓢虫：$p=0.000^{**}$；蜚蠊：$p=0.036^{*}$）。总体来看，受自然因子影响，两种昆虫的转喻式俗名多呈中性。瓢虫和蜚蠊共有14个转喻式俗名，有12个受到自然因子影响，且其中有11个俗名呈现中性评价。受文化因子影响，部分隐喻式俗名会引发积极或消极评价。在统计过程中，笔者发现有2个具有积极意义的瓢虫隐喻式俗名以及7个具有消极意义的蜚蠊隐喻式俗名均受到文化因子的影响。此外，两者隐转喻式俗名的评价性呈多元化，且受文化和社会因子的影响显著。在瓢虫的隐转喻式俗名中，有15个俗名受到文化因子影响，有3个俗名受到社会

因子影响，而在蜚蠊的隐转喻式俗名中，分别有 3 个和 4 个俗名受到这两种因子影响。

为更好地挖掘俗名的生态内涵，以下将结合俗名态度意义构建过程中认知机制及环境因子的互动关系进行讨论。

（1）自然因子对昆虫转喻式名称的影响

受自然因子影响，人们往往通过"体认"感知昆虫的某一特征后便据此命名，并形成以"部分代整体"的转喻式指称（王天翼、王寅，2017）。这类转喻式昆虫俗名虽不带有明显的情感倾向，但也蕴含着审美的象征意义，所以它们在凸显昆虫特点的同时，传达着中国传统具有生态美学智慧的"天人合一"思想（肖朗，2019），符合生态中心主义。

例 8 　a. 瓢虫：硬壳虫——《现代汉语方言大词典·金华方言词典》

b. 瓢虫：金虫——《现代汉语方言大词典·南昌方言词典》

c. 蜚蠊：油虫——《现代汉语方言大词典·绩溪方言词典》

d. 蜚蠊：滑虫——BCC 语料库

如例 8 中，各俗名采用"硬壳（的）""金（色的）""（喜）油（的）""滑（的）"等鉴赏资源，凸显了瓢虫的硬壳、花色以及蜚蠊的外表、嗜油特性，为人们对两种昆虫的认知提供心理可及性（Kövecses & Radden，1998：39）。在此基础上，人们基于体验认知，从审美角度对蜚蠊和瓢虫的各类特征进行反应评价，发挥了体验性心智的移情作用（Lakoff & Johnson，1999），以此引导人们观察昆虫，并将人们对自然界生命的热爱与情感外射集中投向昆虫（隋荣谊、李锋平，2009：54），从而承认昆虫为生态环境创造的审美价值，放大昆虫在自然环境下的物理特性，突出自然环境对语言的塑造，其中并未掺杂人们对昆虫多余的好恶评价。

从审美角度对昆虫进行鉴赏的转喻式昆虫指称传达着中国传统具有生态美学智慧的"天人合一"思想。它们既承认昆虫在自然界的生存地位，将本被概念化为"他者"的昆虫与人类"自我"合而为一（Lakoff，2010：76），又突破了人类中心主义主客二分的思维模式，从而促使人们放下内心对陌生物种的芥蒂（谭晶华，2021）。其中所运用的鉴赏资源不受功利、道德的牵扰，而是出于对自然界物象的"仁"与"爱"，是"亲近昆虫、观察生物、了解自然、尊重自然"的生态观之体现（陈晦，2014：3）。因此，在自然因子影响下，用平等态度观察瓢虫与蜚蠊，并以其自身特点进行的转喻命名方式将人类带入昆虫的世界，表达出一种生命共同体的生态内涵。

（2）文化因子对昆虫隐喻式名称的影响

文化因子作为价值评价的尺度，影响人们对瓢虫、蜚蠊的认知联想。其中，瓢虫俗名借用亲属称谓，以拟人隐喻的方式前景化瓢虫的美好形象，以此拉近与人的距离。蜚蠊俗名则通过称谓的迁移体现人与昆虫之间在心理上的离情，形成人与虫之间的主客关系。但无论是亲近还是疏远，俗名均体现"等级观"，隐藏着"物种歧视""征服自然"的人类中心主义。

例9　a. 瓢虫：小媳妇——《瓢虫　瓢虫》

　　　b. 蜚蠊：灶马子——《现代汉语方言大词典·武

汉方言词典》

词汇语用学中词义的确定过程是对词语进行语境条件下的语用收窄或扩充（江晓红，2014：744），例9的俗名却超出了词义缩小或放大的解释范围，涉及文化语境下词语的指称转移。其中，用"小媳妇"喻指瓢虫，不仅将瓢虫的精致花色与年轻女孩的俊美相联系，也将人们对美好事物的期待投射到瓢虫之上，从而引发积极反应。而"灶马子"一称虽有多种解释，却由于蚱蟖在厨房中出没的习性与厨师工作性质之相似而逐渐演化为"对厨子的谑称"（李荣，2002：187）。此称在日常使用中常被用于调侃自身或揶揄他人，将人虫矛盾引申为人际矛盾的同时，又强化了人虫情感的趋异，表达人们对蚱蟖的消极满意范畴。

从表层看，不同的隐喻式昆虫俗名呈现出多样的态度意义。但从深层来看，在文化因子的作用下，它们隐藏着"人物共生、主次有别"的"评价失衡"，并易导致"生态失衡"。中国传统受社会等级观的影响，易将人与自然物割裂开（周桂钿，2008：18）。因此，人们在给瓢虫与蚱蟖命名时，将瓢虫"拔高"到与人同级，或将蚱蟖"贬低"一等以表达诙谐、调侃之意（李海霞，2000：94），均是基于"人尊虫卑"的思想来评价与审视昆虫，实质在掩盖人类与昆虫作为自然主体的相似性，是物种歧视观的体现。可见，在文化因子影响下，人类通过指称语来彰显对抗万物的野心，同时也在表述人与自然关系时凸显人类高于自然的等级意识，不断强调人作为主体的存在（吴承笃，2019：123）。

（3）文化因子对昆虫隐转喻式名称的影响

隐转喻式俗名在转喻的基础上通过跨概念域的情感映射以激发态度意义。根据表2-2可见，瓢虫的隐转喻式俗名受文化因子影响较大，而蜚蠊的隐转喻式俗名则主要受文化、社会因子影响，其中均表现出不同程度的人类中心主义思想。

例10　a. 瓢虫：红娘——《瓢虫　瓢虫》
　　　b. 蜚蠊：香娘子——《本草纲目·虫四·蜚蠊》

例10中"红娘"一称用"红"凸显了瓢虫的颜色特点，并用人的亲属称谓将其隐喻化。在汉语背景下，红色具有吉祥、喜乐等文化内涵，因此该名也被赋予了正向的联想意义和文化意象（高芳，2006：170），带有积极鉴赏意义。同理，在"香娘子"一名中，"香"为描述气味的性态名素，是用气味作为心理凸显以转喻蜚蠊，又用"娘子"进行拟人隐喻。但此名用"香"而非"臭"实是由于人们厌恶蜚蠊之"辛臭"而进行的避讳（李海霞，2000：94）。人们对其气味之抵触也受到体验认知的影响而与负面情绪联通（Zhou & Chen，2009：1），使该名称最终蕴含消极鉴赏的含义。综合来看，人们在传统的文化环境下，将气味、颜色与其对应的情绪感受进行联系，根源于中国传统思维方式中重效验的经验思维和内在超越的直觉体悟（佘正荣，2011：96）。它以人对瓢虫颜色以及蜚蠊味道的感知、动觉为基础，并基于固有或沿袭的思想感情，对瓢虫、蜚蠊的感悟进行文化认知层面的组织和建构，实际在瓢虫与蜚蠊俗名中赋予了人们单方面的意志与联想，体现了片面的"经验思维"（刘金明，2004：110）。

（4）社会因子对昆虫隐转喻式名称的影响

体验认知也常和实用需要纠缠在一起（赵奎英，2013：16），因此社会因子对昆虫俗名的形成起到重要作用，并体现出一定程度的人类中心性。

例11　a. 瓢虫：麦大夫——《瓢虫　瓢虫》
　　　b. 蜚蠊：偷油婆——《现代汉语方言大词典·成都方言词典》

例11的名称反映了人们对瓢虫及蜚蠊明显的价值考量。其中，"麦大夫"一称由时空名素与比喻名素组合而成，不仅凸显瓢虫捕食蚜虫的场所——麦田，而且以大夫治病救人的特点来隐喻瓢虫保护麦田的作用，这是从功能性角度对瓢虫的农业服务作用进行的鉴赏，具有积极估值性。而"偷油婆"一称则从社会约束的角度对蜚蠊盗窃人类劳动果实的行为进行判断。其中，"偷油"是对蜚蠊嗜油的习性以及偷油行为的强调，且该称谓将人类对"偷窃行为"的谴责迁移至蜚蠊，借以表达对蜚蠊的厌烦，属于消极的恰当性。[1]

这些从社会价值角度对瓢虫和蜚蠊的命名习惯，与中国传统注重从事物的功能关系来把握整体的思维方式密不可分（余正荣，2011）。在中国农业生产活动中，以象观物的方式促使人们把昆虫对农业发展的利害关系具象化，并通过指称的方式进行固化，将瓢虫、蜚蠊的事实形象与价值取向合一。如此片面的价值定位似乎能够在一定程度上促使人们对所谓"益虫"进行保护，但基于此，人们依然无法从整个生态系统平衡的角度思忖人—虫关系。可见，在社会因子影响下，基于经济价值的定名方式是人类中心主义的显著体现，也是影响人们对昆虫态度产生异化的根源。

（六）结论

文章以瓢虫、蜚蠊为例，归纳其俗名的态度意义特征，挖掘

---

[1] 恰当性（propriety）：社会约束中非常重要的范畴，这一意义的评价标准是"某人的行为是否应受到社会的谴责"（彭宣维等，2015：68）。

其影响因子的互动关系，并据此讨论两者俗名的生态内涵，得出以下结论：（1）瓢虫、蜚蠊俗名所引发的态度资源均以鉴赏为主，态度极性则呈现多元化。其中，瓢虫俗名以积极、中性为主，蜚蠊则以消极、中性为主。（2）瓢虫、蜚蠊俗名中态度意义的多样性在认知机制与环境因子的互动中产生并表现为：两昆虫的转喻式俗名多呈中性，体现"天人合一"思想，尽显"生态审美"的哲学意趣，具有生态有益性；两者的隐喻式俗名呈现多样化的评价性，受文化因子影响，部分隐喻式俗名中人与昆虫在一定程度上的不平等致使隐含的"物种歧视"与"征服自然"显化，相反，昆虫的自然之美被弱化，从而体现出生态模糊性；两者隐转喻式俗名的评价性亦呈多元化，在受文化因子影响时生态审美意趣与人类审美标准相抗衡，在"经验主义"作用下呈现生态模糊性，而受社会因子影响的俗名体现显性的"价值判断"，并使"美"与"益"挂钩而带有生态破坏性。

文章对瓢虫与蜚蠊两种昆虫的汉语俗名进行了内生态环境、认知生态环境以及现实生态环境的分析，但也存在以下局限性：其一，选取的昆虫数量较少。未来可通过构建种类更多样、范围更全面的昆虫汉语俗名语料库对昆虫汉语俗名的生态内涵进行更全面的分析。其二，本书从自然环境、文化环境、社会环境三个较宏观的视角对昆虫的现实生态环境进行分析，但其各自仍包含多项子系统，后续研究可以继续深挖其内部子系统对俗名生态内涵的影响。

综上所述，昆虫俗名是环境因子与认知机制互动的产物，其态度意义不仅表现为显性的"价值判断"，更暗藏着隐性的"等级观""物种歧视""征服自然""经验主义"等非生态思想。从语言、认知、环境的互动关系中探究俗名的生态内涵，不仅指明了语言、认知、环境的关联性及可塑性,也能引导我们反思并改善对昆虫的态度、评价及人—虫关系,并促进昆虫多样性的发展。

环境类话语是人与自然关系的具象体现,语言表达直接影响着受众对所指自然对象的认知和态度。自然要素的演变时间限制和社会认知的刻板印象则赋予了环境类话语特有的特征稳定性和语言权威性。因此,在多数话语分析实践中,时常会面临自然科学与人文社科之间难以"通约"的壁垒。在本书中,生态位的视角将二者结合,从整体出发,突破了语言分析在面对话语自然特征时的"非理性"批判,也解释了自然属性受社会文化影响的"感性"变化与更迭。

此种尝试旨在揭示语言与环境之间联系的具体细节并加以呈现,环境类与非环境类话语分析的分类和分析实践为生态语言学理论层面的拓展提供了参考与借鉴。语言与环境的联系是动态的,而当生态思想进入具体实践环境时,其中的原理和运作机制也会随之而变化。在下一节中,本书将针对生态学思想在课堂教育实践中的应用进行详细的说明和介绍。

第二节　生态学与生态课堂模式构建

一　给养理论视域下的高校生态课堂模式构建

在教育生态化转变大背景下,如何创建生态课堂模式并提升学生学习效能已成为当前教育尚需解决的难题。因此,本书基于给养理论构建生态课堂框架,探讨其内部给养机制对学生学习效能的影响。结论表明:给养理论视域下的生态课堂应呈开放有机的生态系统。在此系统中，积极给养可触发学生对知识学习的感知力，培养其螺旋式上升思维；自我实践可锤炼学生理论实践应用能力，不断革新其固有认知，激发其潜能和创新力。而虚假无序的不可感知消极给养不仅破坏学生对新知的感知力，也使其学习动力减退。观其内部给养机制，生态教育主体给养效度与给养机制间呈"U"形结构。在可给养区内教育主体给养效度因作用方式和强度不同，学习效能呈积极或消极分布。

（一）引言

生态系统指在自然界一定空间内生物与环境之间相互作用的统一整体（Ricklefs & Miller，2000）。在教学系统中，教师、学习者、管理者构成了系统中的生态因子，与教学环境相互作用形成生态互动的统一体（施洋，2014）。所以，教学也被视为一种隐喻的生态系统。在这个系统里，生态课堂的构建离不开生态学原理的指导（吴晗清、孙目，2017）。近年来，生态课堂逐渐成为国内外教育研究者研究热点。有研究者开始运用生态学理论探究生态课堂定义（朱妮娅，2018；Swain，1985）、哲学基础和生态内涵（杜亚丽、陈旭远，2010；Doyle & Ponder，1975）、生态理念（王可，2016）、生态课堂功能（施洋，2014）、教师言语生态观（Wilkins，2014）、教学环境生态化（Guerrettaz & Johnston，2014；Morgan & Martin，2014）等。也有学者从社会文化理论、教育生态学和生态学视角探究高校生态课堂教学模式构想，也粗具雏形。如基于社会文化理论和方法探究二语习得的宏观和微观生态系统模式（秦丽莉、戴炜栋，2013），从生态学理论视角探究高校英语生态教学课堂中出现的生态和非生态因素（王开伟，2014），从生态教育哲学理论视角探究生态课堂师生动态共生的价值诉求，探究彰显生态气质的生态课堂实践模式（岳伟、刘贵华，2014）。

只有个别学者运用限制因子定律、花盆效应、生态位原理、生物节律等生态学理论构建了"生态课堂"的基本定律为：在尊重学习者身心节律和主体人格的基础上使学生得到因材施教和差异化变革性发展（吴晗清、孙目，2017）。这为国内生态课堂教学模式构建提供了重要借鉴和新的思路。

综观上述研究，我们发现大部分研究都从生态学理论视角提出了促使教学行为生态化的绿色方案，其核心旨在实现教学设计须蕴含生态理念、教学内容应彰显生态价值、教学过程应遵循生态规律、教育者和受教育者应弘扬生态文明观（岳伟、刘贵华，2014），最终实现使受教育者成为具备"生态素养"① 的"生态人"这一目标（黄国文、哈长辰，2021）。但以上研究均未形成较为切实可行的生态课堂研究框架。在构建生态课堂模式基础上探讨如何提升学习者对知识的接受性学习生态阈限值，提升学习者自身学习动力和学习效能的研究更为少见。通读文献，纵有大量研究致力于探究影响学生学习效能和动力的诸多成因及解决办法，其研究对象涵盖了中小学生（靳玉乐、李叶峰，2017）、高职生（徐兵等，2019）、大学生（陈雯等，2015；李璐，2021）和研究生（赵蒙成、朱苏，2010），但如何从生态学理论视角大力解决学习者学习动力不足的问题尚未取得突破性进展。恰逢其时，给养理论作为生态心理学的核心理论之一，为生态课堂范式建构提供了新的理论借鉴，也为解决生态课堂教学中学生动效能不足问题提供了崭新的解决思路和探究路径。鉴于此，本书基于给养理论，构建生态课堂模式框架，拟回答以下问题：（1）给养理论视域下的生态课堂模式有何特征？（2）内部给养机制与学习

---

① 生态素养是指人类个体或群体能够运用生态思维和生态习惯去阐释生态保护和生态文明建设举措，并以生态思维方式学习和研究保护环境的能力。

者学习效能之间有何关联？通过回答以上问题，本书旨在为研究生态课堂模式提供新的理论借鉴，为教育研究者从生态学理论视角探究和解决学习者学习效能不足问题提供新理路和新路径。

（二）理论概述

给养（affordance）概念是由生态心理学家吉布森（Gibson）于1979年在 *The Ecological Approach To Visual Perception* 一书中首次提出的，其定义是指环境提供给动物的给养，这种给养可以是好的，也可以是坏的（Gibson，1979）。其英文定义如下：

> The *affordances* of the environment are what it offers the animal, what it provides or furnishes, either for good or ill. The verb to afford is found in the dictionary, but the noun affordance is not. I have made it up.

例如，陡峭的山峰一方面为攀登者提供翻越攀登山脉的支撑给养；另一方面，山峰高山峻岭的地貌也蕴含着山体滑坡致使登山者坠落悬崖的危险给养。明火可为生物带来温暖给养，同时也为生物体带来致命火灾的危险给养。该理论一经提出就激起了学术界的兴趣，并从有机体属性和环境属性两个维度进行理论拓展研究。

就有机体属性来讲，吉布森认为有机体无须任何中介行为便可在直接感知环境的前提下做出积极或消极的给养行为。因此，吉布森将个体直接通过感官感知到环境实体所提供的给养称作直接感知给养（Gibson，1979）。而诺曼（Norman，1999）认为，任何具有认知能力的生物个体均可基于自身经验、文化知识和认知能力对周围环境所提供的给养做出反应，但给养的真实性、有用性及可用性有待有机体做出认知判断。因此，他将给养分为真实给养（real affordance）和认知给养（perceived affordance）。真实给养指有机体在环境中能充分参与实践并能从实践中获取一定经验的给养。认知给养则强调有机体须通过对环境给养做出认知判断的给养。这也突出强调了受养有机体具备认知能力的重要性。这两个概念也是迄今为止最无争议的一个分类。在此基础上，根据给养能否被有机体直接认知到，盖弗（Gaver，1991）又将给养分为隐藏给养（hidden affordance）和虚假给养（false affordance）。就隐藏给养而言，本书认为其根据能否被有机体直接认知到可分为两种，一种是盖弗（Gaver）提出的隐匿性给养——指个体无法直接感知但在其他群体的引导和帮助下可认知的部分，也可称为隐匿但可发现给养（perceptible affordance）；另一种则是不可感知给养，即已超出个体感知力的那部分。虚假给养则是指因环境对有机体的误导而使个体做出拒绝接受给养反应的部分（Gaver，1991）。

　　从环境属性来看，有机体赖以生存的环境不是单一的一个生态域，而是多种环境在时空方面形成的多维嵌套体，这也使得生物在接受环境给养时遵从时序性和嵌套性，也就产生了顺序给养（sequential affordances）和嵌套给养（nested affordances）概念（Gaver，1991）。顺序给养是指有机体有意识、有目的、有计划地对环境所提供的各种给养做出反应，并根据时间和空间不同布局有顺序地选择接受给养。嵌套给养是指供有机体可利用的给养环境并不是单一的，而是由多个环境相互关联形成嵌套的关系体。这也反映出给养环境的复杂性和多样性。这一分类的提出为给养理论的发展奠定了坚实的基础，其创新之处在于将给养关系置于更宽广的自然和社会环境之中，充分将感知者的人文因素、社会经验纳入了理论范畴。以上学者虽对给养属性进行了延展，但就影响给养的成因、给养关系形成样态等问题鲜有涉及。只有个别学者从设计学理论视角探讨给养关系形成的条件，并提出了规范性设计原则、可设计化原则、可完成型原则、潜能型设计原则四项原则（Lanamäki & Stendal，2016），这四项原则均是基于设计者和参观者感知经验提出的。虽有局限性，但为教育教学研究者提供了思路和借鉴。

随后，给养理论在环境设计学、语言学、二语习得、教育学领域崭露头角，逐步形成其独特的表现形式和生态影响力。具体来讲，大部分研究主要探究给养理论在环境设计学方面的适用范畴（Lanamäki et al.，2016）、功能特点（Brown & Blessing，2005；Nye & Silverman，2012）、局限性和优越性（Oliver，2005；Stoffregen，2004）及其再发展（Willermark & Islind，2022；McGrenere & Ho，2000）等，产出较多但主要以横向理论论证和发展为主。有学者在引荐和学习给养理论概念及功能的基础上，探究环境给养设计对二语和双语习得的指导意义（贺斌、祝智庭，2012），前瞻性地论述了给养理论与外语教育（黄景等，2018）、生态学（秦丽莉、戴炜栋，2015）和生态语言学（黄国文、王红阳，2018）间的关联，为我国教育实现生态化提供理论指导和借鉴。从生态教育学视角探究给养机制对实体教学的生态指导的研究则较为少见。周勤和陈亮（2020）基于给养理论，对公共英语阅读课堂中学生课堂陈述、互动记录及问卷调查进行定量分析，探究同伴引领的给养情况。但该研究并未形成较为切实可行的理论分析框架，且未对数据进行深度的质性分析，其研究结果仍须进一步挖掘和完善。另一项研究则基于给养理论发现研究生在学术英语课程（简称 EAP 课程）体裁分析过程中存在生态给养与体裁建构间的耦合关系（卢鹿，2021）。

综上可知，国内外学者基于给养理论探讨其与生态课堂之间内在的"给养机制"的研究相对匮乏，运用给养理论对可视化生态课堂模式建构的研究在范式广度和深度方面鲜有涉及。鉴于此，本书将结合给养理论与生态学理论，探讨给养理论与课堂的生态给养关系，为其他教育研究者探究生态课堂模式提供理论借鉴。

（三）给养理论视域下的高校生态课堂模式建构

学习者学习能力的发展是学习者与周边环境相互作用的结果（van Lier，2004）。生态环境不仅为学习者提供丰富的环境给养，也为学习者提供从环境中获取学习资源和互动的机会给养。在此过程中，促使给养机制运行的关键在于学习者自身的需求、感知力和行动力。具体来讲，为满足学习需求，学习者通过自我感知快速识解学习环境中的各种有利资源和机遇，并通过一系列积极有效的学习行为将其转化为自身的知识储备，从而形成学习给养。简言之，给养是学习者学习需求与环境动态互惠的结果，是学习者学习主动性和积极性的生态体现。由此可见，给养是一个既与学习者相关，又与环境相关的能够体现学习者与学习环境整体关系的术语。因此，运用给养理论和生态位理论来分析和解决课堂教学中受教育者学习动力和效力不足的问题，构建给养理论背景下的高校"生态课堂"教学模式不仅是可行的，也是必要的。这也为我们构建高校生态课堂教学模式提供了重要生态价值。

给养的根本属性在于强调环境与有机体之间互惠互依的动态关系（Gibson，1979）。任何物质表面（非生命体或物理实体）和有机体（生命体）对其他动植物及微生物个体或群体均有利害关系。这也反映出环境对有机体和微生物群体的生物给养是有限制的。形成生物依赖关系因对象（有机个体或群体）不同，给养数量和时间不同，给养的价值正负值亦有差异。因此，在一个生态系统中，环境的给养功能是由有机体属性决定的。教学是一个隐喻的生态系统，教师和学习者则可隐喻为生态系统中的有机生物体，包括物理环境和社会环境的教学环境则构成了生态系统中的环境，后者同样为学习者提供各种各样的生态给养，但给养效果是受学习者自身生物机理影响和限制的。换句话说，有限的教学环境会制约有机体的学习行为，这种限制也致使学习者能动地反作用于自身赖以生存的环境，从而影响给养效果（吴晗清、孙目，2017）。从教学视角可理解为：给养效度的高低很大程度上反映学习者的学习效能。给养效度高，学习者学习主动性和学习效能就强，反之亦然。

另外，在生态系统内，生物与非生物在时空和各组分之间通过能量、物质、信息交互作用形成了一个个有序的营养结构（Ricklefs & Miller，2000）。其内部营养结构均是由生产者、消费者和分解者以给养为纽带形成的食物网，借助水平、垂直和时空结构分布共同实现各给养组分的良性有效互动。由此可推断出：生物给养效度的高低不仅受生态结构属性的影响，也受食物链中有机体属性的牵制。基于上文给养定义、属性的分类和生态学中非人类生命体的交互特征，其给养类型可概括为积极（正态）给养：可感知给养、有序生物节律给养；消极（负势）给养：不可感知给养、无序生物节律给养两大类。根据生物体内部能量、物质和信息在时空作用方式和强度方面的交互原理（Begon & Townsend，1986），我们也归纳出生态学意义上的给养原理。具体来讲，从时空角度，我们将给养作用方式分为直接和间接给养、长时和短时给养。从强度视角，将给养效度分为强势和弱势给养。因任何物质表面（非生命体或物理实体）和有机体（生命体）对其他动植物及微生物个体或群体均有利害关系，所以环境对有机体的生物给养是有限制的。形成的生物给养关系因对象（有机个体或群体）不同，给养作用方式和给养强度不同，给养价值正负值亦有差异。积极正态的给养作用方式和作用强度可促进生物强化其营养结构，反之亦然。从生态学来讲，解释这一自然规律的根本原因在于任何生物都有自己的生态位（ecological niche）。

所谓生态位，即为环境对生物主体的支撑服务能力和生物主体对环境的反作用，其客观反映了生物体与其特定环境处于一个相互依赖却利弊共存的命运共同体中（Ricklefs & Miller，2000）。生态位的根本属性在于强调一个种群在时间、空间上所占据的位置以及他们与相关种群之间的关系（Ricklefs & Miller，2000）。当一个物种在自己的生态位时，环境会为其（生产者、消费者和分解者）提供一定能量并发生信息交互；一旦该物种的生态位发生变化，出现生态位重叠或越位，环境则会做出应激反应并立即减少或阻断能量和信息的交互，且该物种亦会受到环境的反噬（Gibson，1979）。究其概念可知，吉布森（Gibson）提出的"给养理论"与生态位理论在概念上有相通之处，并基于生态位理论客观反映了生物体与其特定环境处于一个相互依赖却利弊共存的命运共同体中。在此生态系统中，被给养者（活有机体）如何选择合适的生态位并正确利用给养者（环境和其他种群或物种）的积极给养，将不利给养转化为有利给养成为目标达成的关键（施洋，2014）。

同理，课堂作为微型的生态系统，其各项生态因子也有自己的生态位和实现给养的条件和土壤,即在课堂教学中同样存在有机生物体(知识传授者与知识学习者、学习者与学习者),并存在以教育资源为媒介形成的与有机生物体(师生)及环境(社会和自然环境)之间的互动关系(吴晗清、孙目,2017)。鉴于此,本书基于生态系统结构图(Ricklefs et al.,2000)构建了给养理论和生态位理论下的生态课堂系统(见图2-10)。

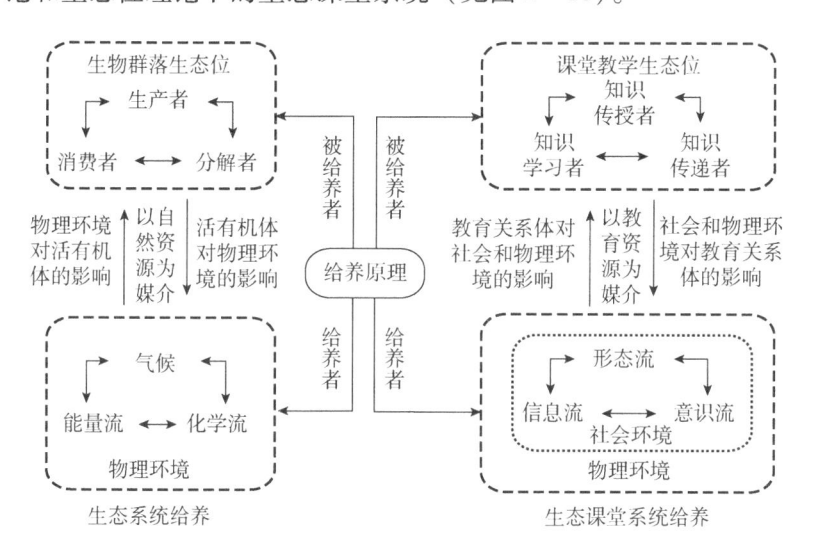

图2-10 给养理论和生态位视域下的生态课堂系统

由图2-10可知,整体来看,生态系统给养以自然资源为媒介,在物理环境的给养下,各生物群落在自身生态位实现物质、能量和信息间的互动给养。其中,物质循环是生物生长的物质基础,能量流动是促使物质有效循环利用的源动力,信息传递则决定前两者的方向和状态,三者相辅相成,缺一不可(Ricklefs & Miller,2000)。相比之下,生态课堂系统给养,其给养机制与生态系统给养既有联系,又有区别。生态课堂系统给养,其环境生态层既包括物理环境,又包括由学校环境、家庭环境、社区环境、网络环境构成的具有人文属性的社会环境。这为课堂教学的生态发展搭建了较为完善的知识信息供养体系。生态课堂系统的环境给养不仅受能量、化学能和气候等因素的影响,也受社会环境中教师和学生经验信息、社会实践和意识形态的影响。知识传授者借助丰富的教学资源将物理环境和社会环境中的物质流、化学流和信息流升华为学习者信息流、意识流和形态流。这种信息、意识和形态的互动均为生态课堂受给养者提供了强有力的给养支撑,为学习者理性选择适合自己的生态位提供了保障。在充分感知到周边环境所需的学习资源和与教师及其他学习伙伴的交互机会时,学习者能快速形成教学关系主体与环境客体间的良性互动给养关系。由此可见,给养理论和生态位理论下的生态课堂系统是一个动态关系圈。

由此可知,生态课堂系统结构在承袭生态系统中食物网给养原理共性的同时,亦有其个性化的生态样态。给养理论视域下的生态课堂系统,其内部的教师、学生、教学管理者、教学资源及教学环境等生态因子依据自身生态位优势,通过信息、意识和素养等交互而优化组合,共同促进各因子间的良性互动(吴晗清、孙目,2017),从而实现教育教学各项能量信息的积极供给。因课堂中的教师、学生和管理者是有思维意识的人类生命体,其给养类型亦区别于其他有机物和微生物群体。所以,受教育人类生命体的给养类型则遵从盖弗(Gaver,1991)提出的分类,包括正态分布的可感知给养、有序生物节律给养、真实给养和认知给养,以及负势走向的不可感知、无序的、虚假的非认知给养。因教师、学生和管理者是具有独特个性、思想意识和自我身心节律发展的行为个体或群体,其给养作用方式中也增加了主动给养和被动给养,给养强度也延伸出极速式、缓慢式和介于两者间的渐进式给养方式(见图 2-11)。

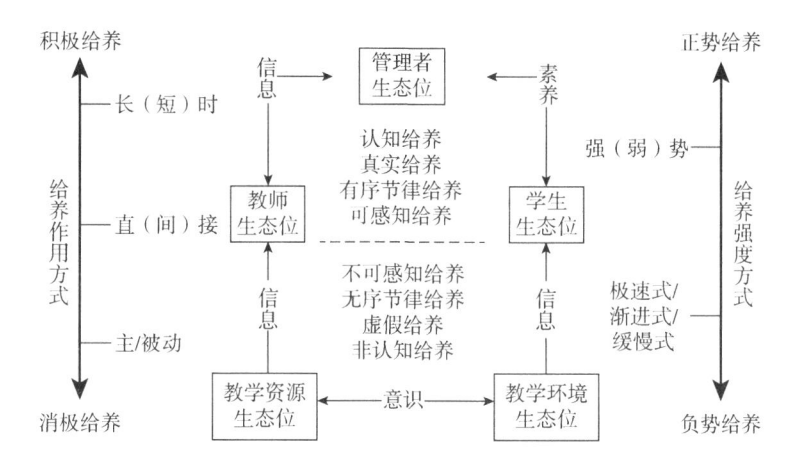

图 2-11 给养理论视域下的生态课堂系统

由图 2-11 可知，生态课堂中，教育主体给养效度的高低不仅受课堂中主体要素和课堂环境与教学资源的交互影响，各个因子形成的内部给养作用方式和强度也成为诱因。因此，要想实现课堂生态给养的良性发展，根据美国心理学家桑代克提出的三大学习定律，本书中教育主体给养过程也应遵循"三定律"：准备律、生成律和效果律。

（1）在"给养准备律"阶段，管理者、教师和学生都要为接受新知做好身心及与周边资源环境方面的联结准备。

具体来讲，在开展教学活动前，教学管理者应明确认知自我的生态站位，充分结合学校教学计划对教学过程中的各要素加以统筹兼顾，为提高教学给养效能奠定管理基础（王可，2016）。教师应预先评估并调整好自己生物节律和教学节律等的准备率，合理配置和优化一手的各种教学资源，大力完善自身知识体系"建构—解构—重构"这一生态闭环，力争实现自我主动给养的新样态，消除被动消极的给养心理。在此基础上，教师也应通过充分了解施教对象的身心发展、个性特征和学习节律，提前建立与学生最适配的生态性环境心理场，为师生建立环境情感联结，调动各生态因子协同共进奠定场域生态样态基础（施洋，2014）。因此，教师要做到因生备教、因材悟教和因境施教，切勿出现各个生态因子生态位越位或生态位重叠的失调现象。

（2）在教学开展过程中，即在"给养生成律"阶段，通过调动学习者自身的可感知力，在遵循学习者生物节律的前提下，加强学习者对学识给养与自我认知提升之间的生物联结。

首先，调动学习者的可感知力是学习者能否通过课堂这一微型生态环境开始接受生态给养的前提和关键。因此，要想实现课堂对学生学习给养最大化，就要优化我们教室室内的软硬件设计（蔡晨，2021），为学生创建充满"温度、雅度、高度和广度"的人文教学环境。在教学活动中，教师应尊重学生主体性，并积极创设主体性活动情境，使学习者在民主、宽松、和谐的氛围下接受知识的熏陶和思维给养，形成相互尊重、包容、合作的师生共进关系（杜亚丽、陈旭远，2010）。然而，纵览国内外就生态课堂的研究，我们发现前人探究教师、学生、教学资源、教育政策等的生态性的研究产出颇丰，但就支持学习者开展学习活动的场所——课堂环境的生态性研究成果却极为少见，只有摩根（Morgan）和马丁（Martin）（2014）、道尔（Doyle）和庞德（Ponder）（1975）几位学者从生态学理论视角探究教室生态性（classroom ecology）。研究发现良好的教室生态有助于从社会认知高度培养和增强学生学习的感召力和行动力，反之则会抑制或消退学生的学习主动性和行为能力积极性。本书对生态教室加以界定：具备生态属性的教室应做到研究学生和教师如何借助教室环境在特定空间内互动，强调课堂室内硬环境和软环境的兼容性与和谐性。

其次，在充分调动学习者感知力、尊重学生身心发展和学习节律的基础上，应开展理论与实践相结合的教学活动，为学生提供真实给养。实践出真知，只有让学生真正融入实践学习活动中，才能充分调动学生学习的原动力和竞争意识，通过各种劳动实践，培养学生发现问题和解决问题的能力，也能增强学生应对突发事件的能力（秦丽莉、戴炜栋，2013）。这也是决定学习者能否进入下一个阶段——认知创新、探求隐匿性新知的关键阶段的关键。相反，如果学生只是一味地接受性学习理论知识，并未涉及实践参与，则使学习者从心理和认知上对学习内容产生抽象认知，割裂理论和实践之间的耦合关系，进而将理论视为不能指导实践的一句空谈（van Lier，1996）。其后果则是学习者主观上开始拒绝接受教育环境输送的知识给养，在这种情况下，给养也就彻底结束了。此外，学生进行自我学习和人文素养的给养作用方式和强度也会影响学生受养的持久性和效果。因此，教师要开展分层教学，根据学生生物和学习规律及时调整课程进度，合理安排学生受养时长。对于自主学习能力较强的学习者，可采取极速和渐进式方式开展教学，并加大知识输入的强度、力度或延长时长，多以间接传递知识的方式激发学生探索创新的能力，以此满足此类学生的学习需求。而对于学习能力普通或较弱的学习者，教师需减缓教学进度，适度缩短学习者理论学习时间，而延长实践活动的时间，采用慢速和渐进式语速开展教学活动，以此加深学习者对理论的理解和实践的应用给养。

最后，在学习者真正融入实践获取一定成就感后，将进入最具挑战和潜在难度的认知给养阶段：隐匿性给养阶段。课堂作为一个隐喻的生态系统，课堂给养效度的高低受各种生态因子的影响，其中之一则是教学内容的难易度，这在很大程度上影响学生能否打破"最近发展区"的瓶颈,突破学习壁垒并实现自我提升。据苏联心理学家维果斯基提出的"最近发展区理论"(Vygotsky,1978),我们须区别两个概念,一个是"最近发展区"概念,另一个则是学习者的"最近发展区"。学习者的"最近发展区"仅仅关注学习者个人在学习能力提升的潜在可能性与其当前学习水平之间的差距。个人的发展是学习者独立自主地完成教师提出的智力任务,认知参与度呈中等水平(王颖,2013)。而"最近发展区"这一概念涵盖的内容更为广泛,其根本在于开发并挖掘教育主体(教师、学生、管理者等)的自我认知潜力、激发和培养自身或他者的批判性思维(吴晗清、孙目,2017),促进教育生态圈内每一个生物因子包括教师和学生进行自我突破和认知革新。即教师须找准自己的生态位,逐渐成为教学内容的启迪者、鞭策者和引领者。学生不断适应和滋养自己的生态位,成为知识学习的感知者、建构者和创新者。其他生态因子包括教学管理者、教学资源和学习环境,应根据学生的根本需求和国家的人才培养诉求与时俱进,加快教学资源的管理和更新换代(王可,2016),从而实现教学生态位各个因子的生态化和常态化发展。因此,在此阶段各个生态因子应在自己的生态位上充分挖掘自身的认知和发展潜能,不断革新自我认知,实现整个生态课堂系统的全面升级和条件优化,扩大自身的生态发展区,构建新的认知峰值和目标发展区。

(3)给养准备和给养生成阶段的联结建立成功与否最终都要接受给养效果的检验,这也是教学给养过程的关键环节:给养效果律阶段。积极的学习行为可强化学习者给养效果,提高学习者的学习效能,反之亦然。

任何教育生态个体和群体都有属于自身的给养生态阈限

(Begon & Townsend, 1986)。在阈限值内上下生态幅①变动会促使受教育主体呈现出螺旋式上升的积极给养样态。而一旦越过其给养生态幅,其给养成效果则朝负向发展,其给养成效也能明显反映课堂教学已呈现出的教育生态失衡样态。生态学上将此现象称为耐受性适度定律。耐受性适度定律认为任何一个生态因子对某种生物都存在生物学上的上限和下限。一旦在数量或质量上出现供过于求或供不应求,且当接近或达到某种生物的耐受限度时,该物种便会出现生长状况衰退甚至严重威胁其生存(Shelford, 1931)。所以在生物体生长过程中,既要关注生物体自身的耐受阈限,也要注意该物种所能承受的量和质的适度性。同理,在生态课堂中,给养过程也应遵循耐受性原则和适度原则。即教师和管理者在向学习者传授人文知识、塑造其思维认知的过程中,应根据学习者接受性学习的学习节律,把握好知识输入的质和量的统一,既要避免"过",又要防止"不及"。鉴于此,本书基于美国生态学家谢尔福德(V. E. Shelford)提出的耐受性定律,结合给养理论和最适度生态学原理,归纳出了影响学习者学习效能的给养效度示意图(见图2-12)。

在耐受性适度给养曲线图中,生态教育主体同样存在耐受度给养的上限和下限,且其耐受性适度给养范围介于接受给养的作用方式和强度因素的最小值和最大值范围之间。给养行为可分别发生在创造区、增长区和可给养区内。临界点则是给养效度高低的分水岭,即给养效度随着给养作用方式和强度继续变化,给养效度自O点开始从积极正态给养的最大值向消极负势给养最小值过渡,形成一个给养行为连续统。

---

① 生态幅是指生态中的个体、群体在不同的发展阶段对环境有一定的适应范围,是承载特定功能的生态结构范围(Ricklefs et al., 2000)。

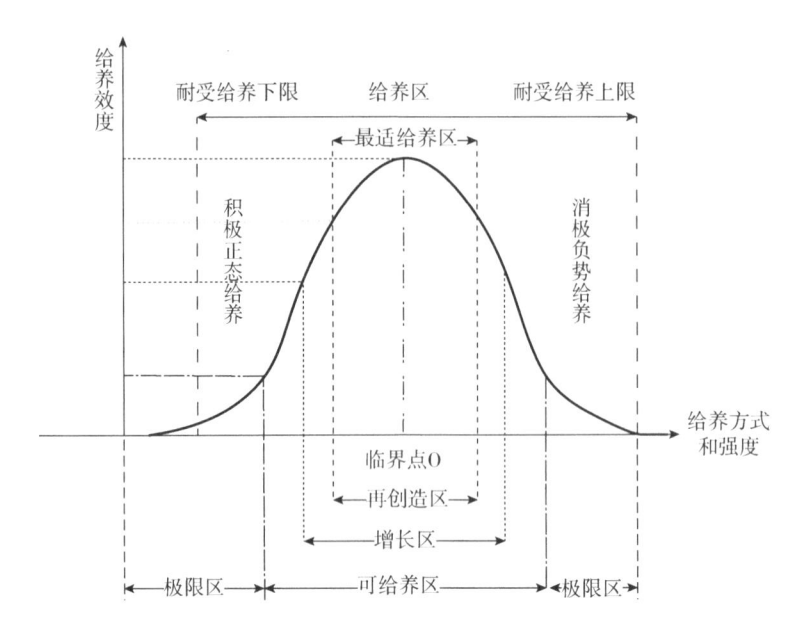

[图示：横轴为"给养方式和强度"，纵轴为"给养效度"，钟形曲线显示耐受给养下限、给养区、耐受给养上限、最适给养区、积极正态给养、消极负势给养、临界点O、再创造区、增长区、极限区、可给养区等标注]

图 2-12　生态教育主体耐受性适度给养效度图示

（改编自 Shebford，1931）

由图 2-12 可知，给养理论视域下的生态教育主体给养效度呈"U"形结构，以 O 点为临界点，因给养作用方式和强度的不同，其给养效度也呈现积极正势或消极负势样态。影响学习者受养效度和持久性的主要因素既包括给养学习者的主观接受度、受养时间的长短、实施给养的间直接性等作用方式，也包括给养者施养的强度和速率等强度行为。这些作用方式过高或过低、过长或过短、过快或过慢、过强或过弱都会影响学习者的学识给养积极性和主动性。教育主体耐受性阈限值也为我们教育工作者提出了新的要求。即教师在从事教育教学工作时，应在准确了解学习者给养上下限的基础上，在最适给养区内着力提升自身教学效能和激发学生学习积极性及认知潜能，实现学习者给养的增长和再创新能力的提高，达到给养最大化。简而言之，教学视角下给养效度的高低很大程度上反映学习者的学习效能。给养效度越高，学习者学习主动性和学习效能就越强，反之亦然。

综上可知，在整个教学互动给养过程中，教师和管理者都应清晰地认知自身、学习者和周边教学资源及环境的生态定位，根据学习者给养类型构建生态课堂模式。合理把握给养原理的作用方式和强度，激发学生主动给养的生态心理，从时间、方式、速率、强弱等维度促使学习者保持积极正态的给养，减少消极的负态给养，努力推动消极给养向积极给养转变，以此提高学习者的学习主观能动性、提升其给养效度。

（四）总结

教学作为隐喻的生态系统，其蕴含的"给养"机制为我们诠释了课堂中各生态因子间多元互动的耦合关系。本书从给养理论视角探讨高校生态课堂模式框架的特点和给养机制对学习者学习效能的影响，为我国生态课堂模式构建提供新的理路。得出的结论如下：（1）给养理论视域下的"生态课堂"是一种开放有机的由信息、意识和素养构成的良性互动的给养微型生态系统。在此系统中，教师和教学管理者应在遵循受养者生物节律和学习节律的基础上，积极调动学习者对新知的可感知能力并引导其主动接受真实给养，通过一系列实践教学激发学习者的认知潜能和无限创造力，从而帮助学习者提升其学习效能，实现螺旋式上升给养。（2）就学习者学习效能和给养效度之间的关系而言，给养理论视域下的生态教育主体给养效度呈"U"形结构，其给养效度因给养作用方式和强度的不同，呈现积极正态或消极负势的形态，进而学习者的学习效能也随之发生同步变化。综上，本书从给养理论视角对生态课堂模式进行建构，在运用给养理论指导教学的过程中，本书也总结了一些能帮助学习者提高积极给养，并转化消极给养为积极给养的有效途径，以期为从事教育教学的研究者提供新的思路，对教育生态化深化改革提出有益建议。

二 生态语言学视域下的专门用途英语（ESP）环境教育模式构想

为响应国家生态文明建设号召，不断提升环境教育课程教学水平，加强环境教育与其他学科的融合，专门用途英语（English For Specific Purpose，ESP）学科开始发生生态转向。鉴于此，结合生态语言学理论和环境教育理念，该研究尝试构建生态语言学视域下的专门用途英语环境教育教学模式，旨在为开展生态视域下的专门用途英语教师提供借鉴，鼓励他们：言语引导和率先垂范与生态语言学相结合、教学方法和教学理念与自然环境相融合，以此推动专门用途英语学科生态化，实现教育、社会和环境的可持续发展。

（一）引言

自工业革命以来，人类大规模地开采和无节制使用大量自然资源，使地球已进入前所未有的"生态危机"时代。改善生态，教育先行。为了唤醒人类的生态意识，重现人与自然和谐共处的可持续状态，联合国于1977年10月召开人类历史上具有空前意义的全球政府间生态危机峰会，并在会议上正式提出"环境教育"（environmental education）一词（王梦洁，2021），环境教育在此背景下应运而生。自此，环境教育在全球中小学（祝怀新、熊浩天，2021；柳靖、柳桢，2021；王晓冬，2020；祝怀新、卢双双，2018；徐新容，2018）、大学蓬勃发展（王文略等，2018；樊奇，2021；李明建，2021；陶莎，2021），与生态有关的专业及其课程数量也急剧增加（田旭、康晓芸，2012；张彭松，2014；胡金木，2019；李广、秦一铭，2021）。纵然环境类教育课程开展得如此迅猛，但据2020年联合国教科文组织就当前各国环境教育开展现状展开的调研，环境教育的实施出现严重滞后性、边缘化和不协同性。调查结果显示：全球五十多个国家的教育大纲和课程改革计划中，50%以上国家鲜有提及"全球气候变化""温室效应"等字眼，且仅有19%的教育计划中提及物种多样性，约33%的教育工作者称不愿意或未接受过环境教育教学的相关培训。面对此骇人的数据，联合国教科文组织（UNESCO）就生态教育问题提出新的教育目标：敦促全球各国于2025年前将环境教育类课程列为核心基础类课程，以期共同实现全球生态文明建设目标（王梦洁，2021）。

为了实现这一基础性共识，习近平总书记在党的十八大报告中正式将生态文明建设纳入中国特色社会主义事业总布局，力求将生态文明贯穿我国实现现代化发展进程的全方位和全过程。自此，环境教育在我国各个学龄段（王文略等，2018；贾锐，2020；梦梦等，2020；李明建，2021；石玲，2021；周宏丽等，2021）、各个学科领域，如法律学（马亚琴，2019；徐艳军、刘向力，2020；方印，2021；岳伟、李琰，2021）、心理学（李凡繁，2020）、政治学（陶莎，2021）、历史学（王凛然，2020）、伦理学（张彭松，2014；徐艳军、刘向力，2020）、教育学（李明建，2021；孙彦斐、唐晓岚，2021；杨晓玲，2021；张蕾、严绍阳，2021）等专业展开大量研究。然而，大多数研究只集中于高校环境类专业，并未在非专业学科领域得到大规模的推广和应用。毋庸置疑，这种单一化的环境教育模式已无法满足生态文明建设事业快速发展的迫切需要。

以上研究表明，我国环境教育因教育体制改革和教学实践的不深入性和不彻底性，导致不同群体所接受的环境教育仍呈现教育渠道单一、环保重视度不足、环境教育实施与环保生态意识建构分离的局面。这也迫使许多语言研究者开始思考：环境教育是否应打破学科界限，通过跨学科融合将环境问题生态化，从而激发人们对人类自身、生命和科学的统一性有一个更直观、更系统的生态思考。这一观点的提出迅速在学术界引发各个学科包括专门用途英语学科（ESP）领域研究者的生态思考。专门用途英语学科领域研究者一致认为：专门用途英语教学的核心旨在借助英语这一语言工具发展生命科学、农业、环境工程和其他本质上与生态学相关领域的研究。因此，在生态问题日益凸显的今天，语言构建现实并反映现实（何伟、魏榕，2018），专门用途英语教师作为专业语言的运用者和教授者，有必要将环境教育和生态理念贯彻到教学实践当中。不仅要注重培养学生的专业英语素养能力、传授环保知识和技能，也要注重引导和培育学生树立可持续发展观、明确正确的生态责任和生态义务，这是当今和未来教育之大计。鉴于此，专门用途英语教学研究者开始另辟蹊径，基于生态语言学理论，以"专业英语教学"为切入点和出发点，发展生态语言学视域下的专门用途英语教学，培养大学生的绿色发展主体意识，协同社会民众一起推动环境的健康可持续发展。

目前，国外学者对生态视域下的专门用途英语研究正如火如荼地展开，主要从生态学（田旭、康晓芸，2012；胡启海，2014；王开伟，2014；李广、秦一铭，2021）、环境伦理学（张彭松，2014）、教育生态学（王婧涛、张卫国，2019）等理论视角对专门用途英语的生存与发展（王可，2016）、课程体系和教学模式（孟亚茹，2009；赵攀，2010；汪珍，2021；李压红，2021）、学科生态转向（王开伟，2014）等方面进行理论构建，但研究内容均停留在理论层面，并未对具体的课型展开生态探究。只有少数学者从生态语言学视角对专门用途英语教学进行了定性研究。朱妮娅（2018）借用给养理论的概念，探究专门用途英语课堂中同伴如何协同影响个体口语报告的效果。谷志忠（2012）则从生态语言学视角对专门用途英语教学进行生态探究，发现语言生态性对专门用途英语学科生态化乃至自然的生态发展具有重要的支持和推动作用。沈静（2021）从生态语言学视角搭建大学生学术英语写作动态评估体系，旨在实现教师、学生、教学资源的交互和谐。

由此可见，目前对生态语言学视域下的专门用途英语学科领域进行语言生态性探究的定性研究在数量、理论深度方面尚显不足，稀于对专门用途英语从环境教育理论视角的探析。鉴于此，笔者通过批判地审视环境教育教学理念，尝试从生态语言学视角对专门用途英语教学中的师生交际活动进行生态延展，对教学环境进行生态转换，拟探讨以下问题：（1）环境教育与生态语言学在推进专门用途英语生态转向过程中具有怎样的作用？（2）如何构建生态语言学视域下的专门用途英语环境教育模式？

（二）理论

诵古阅今，在中国传统教育文化发展的历史长河中，生态智慧源远流长，在教育事业中的影响力也与日俱增。从"上因天时，下尽地财，中用人力，是以群生遂长，五谷蕃殖"（《淮南子·主术训》）的农耕文明到"天地人合一"的生态哲学观。从周代的"天行健，君子以自强不息"（《周易·象传上·乾》）到道家的"人法地，地法天，天法道，道法自然"的思想（《道德经》），再到 21 世纪新时代背景下习近平总书记提出的"绿水青山就是金山银山"的绿色发展理念（习近平，2022），无不教育和引导古人和来者认识到"人、生物和环境等自然现象是相互统一的整体"这一思想的重要性。这种生态哲学观经久不衰，以其前瞻性和时代性不断影响着一代代中华儿女在受教育过程中一直秉持"天人合一、尊重自然和顺应自然"的生态理念，影响着中国的教育模式和教育理念，包括外语教育教学。因此，从事外语教学的教师应将教学视为生态环境的一部分，将人（教师、学生、教学资源和教学环境等）、社会环境（国家、社会、经济体系、机构、体制等）和自然环境视为一个有机整体，处在动态、多元和平衡的生态系统当中。只有这样，我们才能从生态角度审视我们自身的一言一行，才能做到更加亲近自然、尊重自然和顺应自然，语言运用与生态发展才能更加和谐，人类福祉才能更长久。在此背景下，外语教学和研究者也开始尝试从生态视角探究外语教学、环境教育和语言生态三者之间的关系。

1. 环境教育

环境教育，作为一种面向各个年龄段群体的终身教育（冯建军，2019），是一门通过在户内或户外的教学模式向学习者普及环境保护知识与技能，提高受教育者生态意识和生态责任感，使社会公民清楚认识人类自身与赖以生存的星球之间的关系，实现全球可持续发展的学科（Grange，2002）。其核心旨在鼓励师生走出教室、走进自然，借助户外一切社会和自然资源给学习者提供直观的生态体验，培养学习者发现诱发环境问题真正原因的能力和联系课堂所学理论解决环保过程中实际问题的能力，进而培养学习者生态视域下的环境意识和环境觉悟。这里的环境意识和环境觉悟，从认知层面来讲，是指一种人类对环境生态的意识形态的反映。环境意识形态的构建离不开自然环境的给养，更离不开语言的生态指导。正如韩礼德（1992）所言："语言构建并反映现实，是意识形态的自然体现。"这就需要一种新的可持续发展的语言生态观来指导人们进行环境教育实践。生态语言学这一新兴学科，毋庸置疑，是最佳理论。

2. 生态语言学

生态语言学，作为一门超学科性学科，近二十多年来开始在教育、翻译、文学批评、环保及国际关系等领域崭露头角。其中，生态语言学为外语教学也提供了全新的生态思路，加快了"外语教学的生态化转向"（赵蕊华、黄国文，2017）。生态语言学旨在研究语言在生命可持续发展关系互动中的作用和影响（Stibbe，2015），其研究模式目前大体上有两类："豪根模式"和"韩礼德模式"。前者致力于对濒危语言的调查和保护，后者则用于揭示语言中存在的生态和非生态因素，两种模式互为补充。本书根据研究目的选用"韩礼德模式"（黄国文，2016）。究其理论可知：生态语言学的真正内涵在于不断探索和发现语言与人类、社会发展及地球上其他生命体之间的生态关系，深挖和揭示相同或不同地域间话语中隐藏的语言使用者所构建的人类伦理与整个自然界生态伦理的动态关系，以保护人类和其他生命形式赖以生存的地球（黄国文，2016）。换句话说，"韩礼德模式"更加强调语言研究者在生态文明建设事业中的社会责任和生态使命，这与环境教育的教育理念不谋而合。历史可鉴，推动建设生态文明是继"原始文明—农耕文明—工业文明"，基于通过环境教育实现可持续发展而提出的最高论断，作为21世纪的我们有责任、有义务全面倡导和践行生态语言学视域下的环境教育生态观（冯建军，2019）。

综上所述，环境教育观重在通过沉浸式教学方式指导学习者行为生态化，帮助学生积极应对当代环境问题，发现诱因并创新解决办法和策略,树立正确的可持续发展观和环境伦理观。而生态语言学作为一面三棱镜,可发现并反映教学中存在的生态和非生态因素,对教师和学生的话语内容、讲话方式、学习资源及其环境给予言语生态引导,进而重构教师、学生及周边社群人员对环保的生态认知,以此来指导和优化我们赖以生存的语言环境。由此可知,前者以物理环境为教育基地实现行为环境化,后者以思维环境为生态依托,达到意识生态化。前者关注学习者的环境行为,后者则聚焦于学习者的语言生态,两者相辅相成、互不可分,两者结合就形成了生态语言学视域下的环境教育模式。这一新兴教育理念将会为环境教育的快速发展注入新的动力,成为推动生态文明可持续的一大引擎。那么,在21世纪环境教育发展的今天,就专门用途英语学科而言,如何构建生态语言学视域下专门用途英语环境教育模式呢?本书将在下面的论述中详细解读。

(三) 生态语言学视域下专门用途英语环境教育模式构想

十年树木,百年树人。生态语言学视域下的专门用途英语环境教育旨在培养每一位青年大学生积极树立可持续发展观,力争成为实现中华民族伟大复兴的"栋梁之才"。为了实现中国教育的生态发展,国内就生态课堂模式构建做了大量研究,但大多数都以理论研究为主,主要探讨如何规避教师、学生在教学过程、教学评价等呈现的非生态因素对生态课堂构建的影响,仅有理论建议,未将生态课堂类型构建具体化和实践化。如赵攀(2010)对生态课堂概念进行初探,并简单概述了生态课堂环境和课程特点的开展要求。在此基础上,王开伟(2014)更加细化了构建生态课堂的诸多生态因子,对比阐释了这些生态因子的生态和非生态因素,提出高校构建的生态课堂须具备生态和谐、多元共生和开放共享的特点。为探讨单个因子——学校环境(包括人文环境、社会环境和学校环境）对生态课堂构建的影响，李广和秦一铭（2021）从生态教育理念视角对区域学校环境提出生态化改进方案，以实现区域教育生态化。但前两者均停留在生态课堂模式的理论阐释，还未真正意义上搭建具体化的课堂模式。

成功的教育离不开"言传身教"。所谓"言传身教"，就是用言语来教导，用行动来示范，生态语言学视域下专门用途英语环境教育也不例外。随着生态语言学的迅猛发展，胡芳毅和王宏军（2019）借助生态学视角的"生态链"和"生态圈"理论及生态语言学理论就大学英语混合教学模式进行生态建构，多维度搭建协同教学、协同学习、协同创新的师生学习共同体。但此研究并未深入探究语言的生态性对大学英语教学模式生态构建的重要影响。胡启海（2014）从生态学理论视角探讨大学英语教师言语行为的生态性对开展生态教学的影响力，但文章重在探讨教师如何与学生和谐互动交流及如何实现言语交流行为的适切性和准确性，对教师言语行为的生态指导则鲜有提及。

综上可知，首先，国内就生态课堂模式构建的研究在内容深度和范式广度方面相对匮乏，且大多研究集中探究如何从生态学理论视角实现课堂生态化转向，从生态语言学视角真正探讨语言生态化教学的实践研究呈现单一状态。其次，因缺少对海外文献的研究，国内研究对"生态课堂"内涵的理解和内容界定还不够翔实和具体，尚未形成较为完善的生态课堂理论分析模式框架，学术养分肥力不足。最后，从对英语教学的生态实践指导意义来看，目前的诸多研究虽已凸显生态语言学在教学中的重要意义，但仍缺乏相关的实践性探索，即实现课堂生态化转向的实证研究。因此，出现现有研究的生态指导和操作性较弱的局面。为弥补此不足，本书试图从生态语言学视角，结合环境教育理念对大学专门用途英语（ESP）课程进行生态课程模式构建。旨在为专门用途英语课程构建动态言语行为生态圈，实现师生语言和思想的生态协同，真正培养大学生的生态素养。

正如张航和于姗姗（2020）所持观点，要想实现大学英语教学的生态化，接下来的研究在不断加强理论深度的同时，应尝试将英语课程视为一个"教育生态系统"进行研究，分析语言的结构和生态功能对语言教学的重要指导意义。因此，构建生态语言学视域下的专门用途英语环境教育模式具有重大意义。具体来讲，在此环境教育模式中，其中每一个教学因素包括教师、学生、教学资源、教学环境都应处于一个动态"教育生态圈"中，每一个因素代表生态圈中的一个生态位或生态因子。这些要素应具备以下特质：教师这一生态因子本身须具备"生态人"的属性；用于与学生进行交互的语言或教学资源就其本身来说是一套由人类有意识、有目的地构建成的一系列现实事件的话语集合体（Halliday，1990；黄国文，2016），其生态属性也应满足"话语"的生态性。根据话语生态属性可将话语分为生态保护性话语、生态模糊性话语和生态破坏性话语（Stibbe，2015）；开展生态环境教育的教学环境作为教学活动开展的平台，从生态学角度可视为生态圈中的一个生态位；从教学视角，此生态位可称为"教育生态位"，为生态专门用途英语教学提供动态"生态域"，包括人文环境和自然环境两种；最重要的是教师需要将交互的对象——学生作为课堂的主体。学生是由一个个生态个体组成的受教育群体，也应被视为"生态人"。在这个生态圈中，教师和学生可置身于真正意义上的人文或自然环境中，通过生态言语行为进行交互式学习，在完成教学目标的基础上实现人文与自然的深度融合，实现环境教育。如图 2-13 所示。

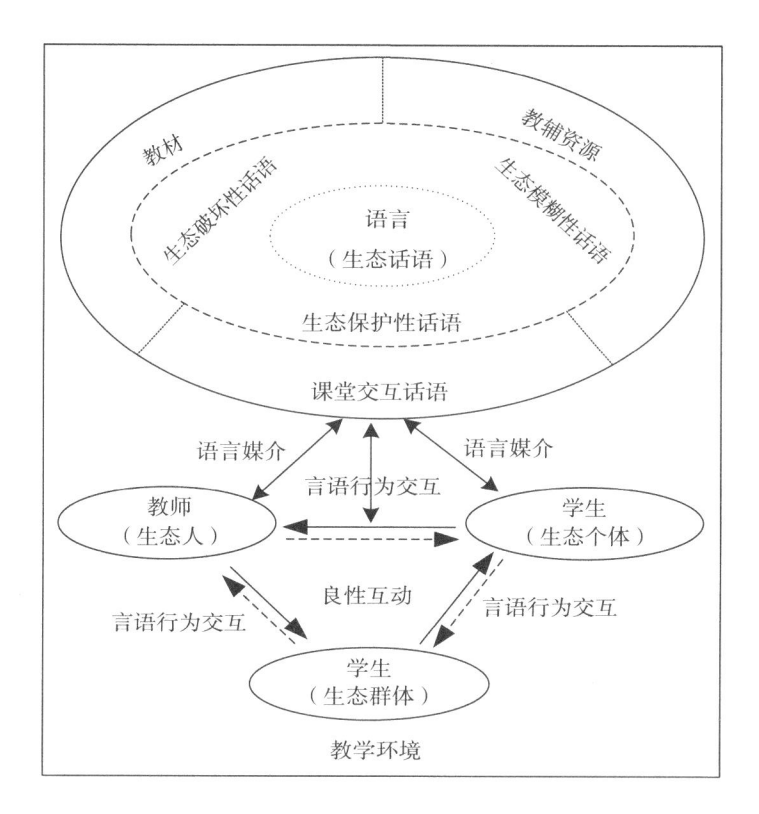

图 2–13　生态语言学视域下的 ESP 环境教育模式

接下来，本书将具体论述生态教学模式下各个生态因子或生态位是如何相互运作和相互起作用，并最终实现教学目的生态化转向的。

首先，生态视域下的专门用途英语教师应具备"生态人"的特质。"生态人"一词，作为人类文明发展史上的一种新兴文明形式，在生态学上是指拥有一定生态道德、智慧和原则且具备充分生态伦理素养和环境意识的个体或群体。就专门用途英语教师而言，"生态人"可定义为专业英语职业素养能力较强，生态"语言"思维和"语言"意识能力较强，尊重和顺应自然发展规律，与自然和社会和谐共处并协同进化的个体或学科团队。之所以对从事专门用途英语环境教育的教师进行高度的生态定位是因为在跨文化交际背景下，专门用途英语教师作为推动国内外环境教育多元发展的中坚力量，其环境教育背景知识的专业程度、语言生态意识的强弱和行为素养的高低，以及生态理念的牢固与否直接或间接地影响环境教育发展的宽度和广度（张学广，2000）。因此，生态视域下从事专门用途英语环境教育的教师应致力于成为"思，以生态语言学为本；行，以生态语言学为道"的"生态人"（黄国文，2016）。

其次，学生作为教师"言传身教"的对象，也应被视为生态视域下的生态个体或群体。在教学过程中，学生不是教育的被动接受者，而是教育成功与否真正意义上的见证者和评估者。他们对"生态"有着自己独特的理解、认知和判断。因此，在教学过程中，教师应尊重学生对生态环境的认知发展心理，努力成为学生环境保护知识内化的助学者、学生生态伦理全面构建的引导者、学生语言生态运用的鞭策者。作为影响教学能否成功进行的关键生态因子之一，在与教师进行言语行为交互的过程中，学生个体可接受教师的指导式生态知识给养，也可以与同伴形成相互引领式生态智慧的给养（周勤、陈亮，2020）。纵观整个交互过程，教师、学生个体和学生群体应处于一个良性互动的生态教学圈中，三者相互给养，缺一不可。一方面，可以培养学生个体或群体的人文素养，懂得尊重老师、尊重同学、尊重和保护自然；另一方面，老师也可以鞭策学生辩证地看待人与自然之间的关系，杜绝一切反自然、反生态的行为包括语言行为，力求实现与教师以及整个专门用途英语教学生态系统的良性互动和平衡。

再次，生态视域下的真正意义上的环境教育教学不应受到空间的限制，而应在动态、多维、协同、开放的自然环境下进行，即教学活动的发生环境应处于一个动态的"生态域"当中（吴晗清、孙目，2017）。在此"生态域"中，专门用途英语各种教学要素应与周围环境相互关联、相互作用和相互适应，脱离环境的教学，严格来讲，是一种失败的教学（祝怀新、卢双双，2018）。就目前来讲，大部分从事专门用途英语教学的老师的教学活动都是在室内开展的，纵然借助了大量先进的教育媒介，但其教学重点大都集中于词汇、语法、篇章结构以及与特定专业活动相适应的语言运用上，对语言的社会功能和生态功能鲜有涉及，与生态相关的环境教育实践更为少见。所以，生态语言学视域下的专门用途英语环境教育教学应适当选择在饱含人文知识和生态知识的环境中进行。只有让学生置身于鲜活的人文或自然环境当中，通过完成一系列的生态教育实践活动，他们才能真正内化生态理念。

就旅游英语而言，教师可以根据语篇特点，以校园环境为模拟对象，进行一次户外的旅游体验。以小组为单位，基于任务型教学法，发现并揭示校园中出现的环境友好或非友好现象，通过言语绿化或环保的形式来处理环境问题。在课堂活动结束之际，各小组以海报形式将他们的所学所想上传到蓝墨云等教学媒介，并选评优秀作品供全校师生欣赏，以此推动校园生态文明建设和我国环境教育的深远发展。就科技英语而言，在室内课堂上，学生对污水排放、垃圾处理都有一定的理论认识，但学生甚至我们的教师对污水处理系统或垃圾回收及处理流程并不了解。那么，在面对此类话题时，老师除了在课堂上给予学生一定的语言输入外，也要尽力为学生创造环境实践的机会，让他们的课堂知识得到内化。如老师可以通过校方联系当地市区的污水处理中心，亲自带领学生下场进行观摩，让学生实地了解污水处理的流程，以及在污水处理过程中遇到的一系列较难解决的问题。此类环境教学实践不仅能激发学生对环境工作的兴趣，还能引发学生对环保的思考，也有助于培养他们发现问题、探究问题、解决问题的能力。

总之，生态语言学视域下的环境教育，旨在让学生亲身体验和感知最鲜活的人文、社会和科学知识，获取自身专业英语学科最前沿的行业讯息（祝怀新、熊浩天，2021），并了解我们的生态环境所面临的现实威胁和挑战。这不仅有助于加强学生对专业英语课程设置的科学理解和认识、激发他们对专业英语学习的兴趣，从而最大化满足他们的学习需求，也有助于引导学生重新审视自身的一言一行对赖以生存和发展的自然系统的影响，进而重塑学生自身的生态伦理，使他们树立正确的生态视域下的环境可持续发展观。实践出真知，只有将言语引导和榜样示范与生态相结合、教授与践行方法以及率先垂范与环境相融合，方可称其是一种行之有效的生态语言学视域下专门用途英语环境教育模式。

最后，教学话语，作为教师和学生开展一系列生态语言学视域下的专门用途英语环境教育教学的交流工具，也应生态化。此处的"教学话语"既包括教师的教学用语，也包括教材内容和服务于教学的一切网络资源。生态的教学话语应尽量避免语言中出现非环境友好型话语。然而，现如今随着人类社会的迅速发展，人类自身的语言在演化过程中也面临着生态危机。语言中开始出现大量的人类中心主义、等级主义、性别和种族歧视、经济至上、物种灭绝、语言污染等不利于维持人与自然和谐的话语（Halliday，1990）。此类话语在一定程度上阻碍了环境可持续发展的进程。这就需要我们的专门用途英语教师在跨文化交际背景下着力引导学生认识到语言中存在的非生态因素，强化他们在语言运用中的生态意识。因篇幅限制，笔者仅对专门用途英语教学用语中较频繁出现的"人类中心主义"、"经济至上主义"和"语言污染"进行详述。

首先，就语言中的"人类中心主义"而言，主要表现在语法方面，如英语中的代词系统（Halliday，1990）。我们发现，代词在用于指人或指物时有很大差异。人称代词因第一、第二、第三人称指代不同其代词形式的变体也变化不一，如"I/we，you，he/she/they"，包括其名词性和形容词性物主代词的变体等。而物主代词"it/they"的变化形式则较为单一。我们知道在英语当中，物主代词不仅可用于指代一切物质实体，也可用于指代自然中的山、川、河流等物理场所，又可用于指代一切具有生命体征的动植物和各类微生物个体或群体。然而，面对"it"一词的多种内容指代，英语语法系统却并未对其进行再次划分和变体术语化，而将非人类生命体、非生命体、物理性场所和元素、社会性场所和元素归为一类，直接用"it"与其建立指代关系。这种语法系统充分表明：人类在自然界中处于主宰地位，认为万物都以服务人类自身为前提，并未将自身视为自然生态系统中的一分子，忽视了其他物种在维持生态系统可持续发展过程中所扮演的重要角色。面对此语言现象，生态语言学视域下专门用途英语教师应激发和引导学生发现语言中存在的生态和非生态因素，并希望英语语法系统应尽早"绿色化"和"生态化"，进而呼吁学生不断增强对语言运用的生态意识，唤起学生对生态保护的责任和义务，实现语言与生态的和谐发展。

其次，语言中充斥着经济至上主义现象，即一切以提高经济效益为先的发展理念。这种语言现象在我们的经贸英语中随处可见。如以《中国日报》就阿里巴巴集团旗下天猫商城2018年全球"双11"当天销售额报道为例。

例 12：From the first second, 2018 Tmall "Double 11" is constantly breaking records. Just at 00∶02∶05 seconds on the day of 11th Nov., the turnover quickly climbed to 10 billion yuan lasting only for 107 minutes, 56 seconds faster than last year, and only 107 minutes is taken to break 100 billion yuan, seven hours faster than last year. At 15∶49∶39 seconds, the record of ＄168.2 billion last year was broken. Finally, the sales on Alibaba's online marketplace Tmall during the annual Singles Day shopping spree hit 213.5 billion yuan (＄30.7 billion), Ushering the single-day turnover of global commerce into the 2000 billion era for the first time.①

译文：从第一秒钟开始，2018年天猫"双11"就在不断刷新纪录。11日零点刚过2分05秒，成交额便迅速攀升至100亿元，用时比去年快56秒；破1000亿元只用107分钟，比去年快7个小时。15点49分39秒，就打破了去年全年1682亿元的纪录。最终定格的2135亿元，将全球商业的单日成交额首次带入2000亿元时代②。

从例12可知，此报道中，媒体运用大量数字精准记录并报道了天猫商城当天交易额迅速上升的各大重要时间节点上的交易总

---

① 该语料摘引自网址 http：//www. chinadaily. com. cn/。
② 该语料摘引自网址 https：//finance. sina. com. cn/roll/2018－11－12/doc-ihnstwwq7881247. shtml。

额，从运用"迅速攀升、快……、打破……记录、首次带入……"等一系列"向上、向好"的用来描述经济增长的词汇可知，其目的在于最大程度上激发和点燃消费者的购物欲望，促使更多消费者进行快速消费。然而，在快速忘我的消费背后，造成了大量的资源消耗和资源浪费。在巨大的收益背后，有多少消费者会扪心自问：一件件精美包装的快递需要砍伐多少森林才可实现？一件件款式新潮、令人趋之若鹜的毛皮大衣需捕杀多少稀有动物才能制成？由此可见，语言中存在着"消费主义"（Halliday，1990）。这种"消费主义"话语也给这个物欲横流的社会赋予了鲜明的时代特点：消费者的"幸福感"大体应与消费者的购买欲成正比，购买欲越大，幸福感越高。殊不知这种追求多余商品堆积的生产和消费理念已在很大程度上导致自然资源的过度消耗和浪费，忽视了自然与环境本身的可承受能力。因此，毋庸置疑，语言已成为破坏自然生态系统的重要生态因子之一。它的演变使我们赖以生存的环境正在以惊人的速度恶化，使我们赖以生存的生态系统正在受到前所未有的重创，使我们赖以生存的自然资源也正在面临急速枯竭。这就要求我们教师在进行专门用途英语教学时，应指导学生发现并了解语言中出现的环境破坏类话语，引导他们树立正确的消费理念，懂得合理利用和节约资源，培育他们牢固树立"绿水青山就是金山银山"的绿色发展理念。

最后，语言污染，在我们的专门用途英语教学当中，主要是指一些反自然、反生态，不利于人与社会和自然和谐共处的一些话语。例如，教师在课堂教学中应避免对学生施以语言暴力或言语侮辱或是误导学生等语言行为，给学生心理造成不良影响。除此之外，在指导学生进行课外实践时，应引导学生文明用语和文明出行，如不言语嘲讽他人，不在公共场合大声讲话等。总之，在这个动态的教学互动"生态圈"中，专门用途英语教师作为"言传身教"的主导者，应树立跨文化交际视野下的文化自信和民族自豪感，最重要的是要培育学生在生态文明建设中"社会人"的生态责任和义务，激发学生的生态道德意识，帮助他们树立正确的生态伦理道德。

(四) 总结

综上，我们得出以下结论：(1) 发展生态视域下的专门用途英语教学模式离不开环境教育理念的指导，也离不开生态语言学的言语建构。两者相互依存，相辅相成。(2) 生态语言学视域下的专门用途英语环境教育模式应处于由"生态人（教师和学生）""生态域（自然和社会环境）""生态话语（教师用语和教学文本）"构成的动态、和谐的"教育生态圈"中。在这个生态圈中，教师应着眼于构建言语引导与生态语言学相结合、教学方法与环境教育相融合的教学模式，发展和平衡好这三个生态因子间的相互关系和作用，以此推动专门用途英语学科的生态和环境转向。因此，长远来看，环境教育和生态语言学的深度融合将成为专门用途英语语言教学的新常态和新趋势，其现代化、自然环境化的教学模式将进一步体现专门用途英语学科领域的个性化、时代化和生态化。这也将为全面贯彻生态文明建设、实现生态可持续发展提供极大助力和推动作用。此外，本书构想生态语言学视域下的专门用途英语环境教育模式，一方面旨在为开展生态视域下的专门用途英语教学的广大教师提供教学借鉴；另一方面，以期唤醒跨文化交际视域下的教师和学生对语言运用的生态意识，引导他们挖掘和揭示语言中存在的生态问题，以唤起师生及公众对环境保护的责任和义务，从而实现教育、社会和生态系统的可持续发展。

在生态位概念整体化的思想基础上，教学课堂中"给养理论"的提出与应用将社会生态系统运作过程进一步细化并呈现出来。具体而言，给养理论主要以语言为媒介，生态教学课堂中的人、物、环境等要素都被纳入给养过程的信息和能量循环中。在此过程中，语言和环境相互作用、相互影响的细节也得以展现。

综合来看，在"豪根模式"与"韩礼德模式"的基础上，本章对环境类话语和非环境类话语的分类丰富了生态话语分析的广度和深度。基于语言教学实践所构建的生态课堂剖析模型则在理论应用层面提供了参考和借鉴。无论是话语分析中的生态位理论，还是教学课堂内的给养理论，均是生态学思想在语言学理论不同层面的实践与再现。生态学思想与语言学理论的结合是一次新的尝试，同时也为后续更多层面、更多学科融合问题的解决提供了思路。

第三章 实践拓展

第一节 综述

第二章主要从生态学和生态教学理论视角对生态语言学的相关基础理论进行解构、建构和重构。具体来讲，一方面，我们结合生态学的生态位理论对系统功能语言学的三大元功能进行生态延展，对环境类和非环境类话语的生态内涵进行了多维度探究。这为丰富和发展生态语言学理论框架和研究路径提供了新的路径，为学者对各类话语包括环境类和非环境类话语开展话语生态性探究提供更多思路和借鉴。另一方面，通过学习生态学相关理论，我们前瞻性地将生态心理学视域下的给养理论与生态位和生态教育学理论相结合，为生态教学模式的探究贡献了新的视角和思路。

为进一步展现生态语言学对话语分析实践的超适用性和指导性，接下来，本章将在整合生态话语分析相关理论的基础上，选取完整的语篇，包括英语类语篇与汉语类语篇，进行实践探究和拓展，以呈现一个较为完善、客观和有深度的生态话语分析运作机制。

具体来讲，本章第二节将从生态场所观视角对及物性系统进行生态延展，融合马克思主义科技生态哲学观，构建适用于英文人工智能科普语篇的生态话语分析框架，探究此类话语的生态性。

随着生态话语分析范式在国内实现"井喷式"本土化发展，生态话语分析模式也实现了理论上的飞跃，其发展路径也从单纯地运用系统功能语言学理论对环境类话语进行生态探究，到从批评视角对非环境类话语的生态分析，再扩展到对社会类话语的生态性探究。鉴于此，本章第三节第一小节则以网络生物谣言为研究语料，结合评价语义系统与劝说策略揭示生物谣言本文中造谣者如何构建其"伪"生态身份。

为区别生态语言学框架中的话语分析与"批评话语分析""批评生态话语分析""积极话语分析"，黄国文在中国语境下提出了"和谐话语分析"概念（张丹清、黄国文，2022）。鉴于此，在本章第三节第二小节，笔者以璧山模式下的调解为案例，整合评价理论下的态度系统、人际关系管理理论及和谐话语分析原则，构建态度系统视域下人民调解员话语中的人际和谐分析框架，并对中文人民调解类话语进行生态性探究，以期为从事法律话语类研究的学者提供借鉴。

第二节　英语话语生态性探究

在全球环境不断恶化的大背景下，对话语进行生态探究已成为语言研究者解决生态问题的新思路。生态话语分析旨在对人类所产生的各类话语进行生态解读，以揭示人类言语行为对万物赖以生存的环境产生的影响。人类话语从环境角度，可分为环境类和非环境类话语。人工智能科普语篇，作为非环境类文本，以浅显易懂的话语既向人们传播了人工智能科技新动态，也反映了撰写者的语言观和生态观。作为语言生态观的主要揭示者，生态语言学重在挖掘话语在现实和意义构建过程中的生态含义，而致力于构建语言现实和意义的则属系统功能语言学。因此，在科普语境下，撰写者可运用系统功能语言学中的及物性系统理论，将科技世界的诸多经验识解为一整套可控的施事过程类型。借助不同的语义模式，科普话语的社会功能得以实现，其生态意义也得以创建。

鉴于此，本书对系统功能语言学视角下的生态话语分析模式进行修正，从生态场所观视角对及物性系统中的参与者施事和过程类型进行生态延展，融合科技生态哲学观，构建了适用于人工智能科普语篇的及物性生态话语分析框架，拟从两个维度回答以下问题。

第一，表层来看，英文人工智能科普语篇中参与者施事和及物过程类型的语义配置呈现怎样的特点？此分布特征实现了科普类话语何种社会功能？

第二，从深层来看，及物性生态特征反映了英文人工智能科普语篇撰写者的何种生态取向？

本书共收集了 20 篇英文人工智能科普文章，构建了库容为 118710 个词的小型语料库。运用定量、定性研究相结合的方法，笔者借助语料库软件 AntConc 和 UAM，首先对英文人工智能科普话语中的及物性特点进行表层赋码、标注和数据提取，统计频次并将结果标准化。其次，基于生态场所观理论，从生态保护型、生态模糊型和生态破坏型话语类型视角对及物性特征进行二次划分，赋码并统计，旨在从表层和深层两个维度探究此类话语所传达的生态观。

基于以上研究方法，本书发现：

从表层来看，英文人工智能科普语篇中及物性使用呈现明显的不平衡性与语境依赖性。在写作者与读者互动交流的科普语境中，英文人工智能科普语篇的语义配置方式倾向于使用以社会性场所为施事的物质过程和关系过程向读者普及人工智能科技新发展。除此之外，作者也倾向于运用大量态度词、评介词和奖赏词以增强人工智能科普话语的趣味性和人文性，借此实现科普话语的社会功能。

从深层来看，在人工智能科普话语中，写作者的生态取向是模糊但偏保护型的，而生态破坏型话语则较为少见。究其原因，很大程度上是由科学界对人工智能所秉持的积极的科技生态观所决定的。即，一方面，科学界目前已致力于积极推动生态模糊型话语向生态保护型话语转变，并不断努力发展生态保护型话语、遏制生态破坏型话语的产生；另一方面，人工智能科普话语写作者倾向于将人工智能技术视为一种趋近自然的生态化科技而非远自然的反生态科技。

本书表明，科普话语中撰写者的生态认知与及物性的巧妙使用有着不可分割的关系。前者决定后者语义配置的选择方式，后者影响前者所要传达的语义功能和生态意义。两者的作用合力使科普话语体裁趋于多样化、读者的生态认知差异化。因此，在话语生产过程中，科普语篇撰写者应不断增强语言运用的生态意识，树立正确的生态科技哲学观，有意识地建构和发展生态保护型话语、遏制生态破坏型话语，从而促进语言与生态的和谐发展。

一 引言

作为科学文献和大众文化的桥梁和纽带，人工智能（Artificial Intelligence，AI）科普语篇已成为大众了解人工智能科技知识、思想和应用的重要方式（Surhone, Tennoe & Henssonow, 2010）。随着人工智能技术日益发展，此类语篇也逐渐改变科技时代人们对生活的价值观和认识观。我们从生态角度把这种由语言反映出来的价值观和认识观称为语言生态观。换句话说，反复出现的词语或表达方式会对当下社会及周边环境产生惯性影响（Halliday, 1990）。就科普语篇而言，这种惯性影响有助于人们解构科技领域的新发展。而经过解构的语言反过来又影响人们的一言一行，进而对科学界及整个社会生态产生重要影响（黄国文、陈旸，2016）。因此，在科技迅速发展、生态问题日益严峻的今天，语言研究者有必要对反映现实并主动构建现实的科普语篇进行话语分析，探究此类话语所实现的社会功能，挖掘话语背后所隐含的生态意义，这也是生态语言学发展的必然趋势。

目前，国内外学者对（AI）科普话语功能及意义的研究，在理论和研究对象的广度及前沿性方面还处于不平衡状态，且大多集中于国内学者对此类话语的研究。从理论视角来看，雷璇（2020）从系统功能语言学三大元功能理论视角，以霍金有关"黑洞"的两个文本为例，研究同一科学家就科普话语与科技语篇所体现的文体差异，研究表明科普语篇是对科学技术知识的再重构和信息传递的再建构。前者是从语篇的整体功能视角对科普语篇的撰写特征进行初探，后者则选择从单个功能视角挖掘此类语篇传递信息的功能。如邓庆环（2009）基于评价理论，探讨科普语篇作者如何以介入、协商手段实现与读者社会和文化的互通,并发现作者趋于将权威身份与亲和力结合以实现传递信息和文化的双重功能。韩旭和叶云屏(2004)则从及物性视角对《英语学习》中的5篇科普文章进行分析,探究科普语类及物性特点及文体意义。然而因篇幅短小、数量有限,两位作者仅对语篇及物性呈现特点及成因作了表层探究,对蕴藏在话语背后的社会意义(生态内涵)则未涉及。从研究对象来看,大多数学者仅对科技领域的科普语篇进行一体化研究,并未对某一新型科技领域话语进行精准探索,尤其是对新兴人工智能科普话语的研究极为少见。只有Lee(2017)从语篇功能视角对525篇人工智能科普文章主题特征进行分析,发现科学界对人工智能发展前景还未达成共识,并呼吁更多学者能从多维度、多视角对此类语篇所反映的社会意义进行深度剖析。

由此可见,目前学界对人工智能科普话语功能和意义的研究在数量、理论深度和前沿性方面明显不足,对人工智能科普话语的生态探析鲜有涉足。鉴于此,基于修正了的生态话语分析模式(何伟、张瑞杰,2017:57),本书将从两个维度对20篇英文人工智能科普语篇进行系统分析,遵循由表主深的探究思路,提示英文人工智能科普语篇中及物性语言功能表征其科技生态取向。

二 理论框架

生态语言学作为自然科学和人文科学的交叉领域,是一门研究语言在生命可持续关系互动中作用的学科(Alexander & Stibbe,2014:105),其研究模式主要分为三种:"豪根模式(Haugenian paradigm)",致力于对语言调查与保护的研究(Haugen & Dil,

1972）；"认知生物模式（bio-cognitive tradition）"（Le Vasseur，2015）；"韩礼德模式（Hallidayan paradigm）"，旨在揭示语言的生态属性（Halliday，1990），其主要研究方法为生态话语分析。目前，较为受欢迎的当属"豪根模式"和"韩礼德模式"（常远，2021），他们相互补充、相辅相成（黄国文，2018）。

生态话语分析旨在揭示语言与人类、社会及其他生物体之间所蕴含的生态关系，挖掘和解释话语中语言使用者如何以人类伦理为衡量标准构建整个自然界的生态伦理，其话语生态类型包括生态保护型、生态模糊型和生态破坏型（黄国文、陈旸，2016；Alexander & Stibbe，2014）。其中，生态保护型话语指益于维持人与自然和谐的话语；生态破坏型话语指那些反自然、反生态的话语；生态模糊型话语则介于两者之间，既有生态和谐的一面，也有反生态的一面。

任何话语都将对人类赖以生存的环境产生正面或负面的影响。就此影响，有学者从环境类话语入手进行了考察，如格比格（Gerbig，1993）、施莱佩格雷尔（Schleppegrell，1996）、菲尔（Fill）和穆尔豪斯勒（Mühlhäusler，2001）等。也有学者对非环境类话语进行探究，主要从语法、词汇、修辞等视角对动物产品广告杂志[①]、经济学刊物（Halliday，1990）、诗歌（李碧芳，2011）、官场话语（祝克懿、殷祯岑，2014）、新闻报道（何伟、马子杰，2019）等话语进行生态阐释，以挖掘隐含在话语背后的生态和非生态因素，但就科普话语的生态探究还鲜有涉及。

除对话语进行生态探究外，对生态话语分析研究思路的探索也徐徐展开。国外学者的研究思路较为广泛。如格特力（Goatly，2018）提出了"生态文体学"（ecostylistics）概念，并运用语言

---

① 《语言与生态》，在线期刊，网址为：www.ecoling.net/Journal.html。

学理论构建了文学话语中人与自然关系的表征体系框架。亚历山大（Alexander，2018）则结合语料库语言学，从批评话语分析视角构建了适用于经济话语的分析模式框架。斯提比（Stibbe，2018）则从批评话语分析模式视角对话语情景进行生态延展，并认为生态语言学界应既注重对语言现象的消极批评（negative critique），也应关切语言中所体现的积极生态理念。

国内学者则主要基于系统功能语言学的三大元功能理论做了诸多尝试（常军芳、丛迎旭，2018；何伟、魏榕，2018；何伟、张瑞杰，2017；余娟、王瑛，2018；张瑞杰，2018等）。其中，何伟和张瑞杰（2017）从生态语言学视角提出生态场所观概念，即"个体或群体对赖以生存的场所物理性特征、社会性特征及场所内外生命体所发生的情感联结、认知体验和意动行为"（见图3-1）。

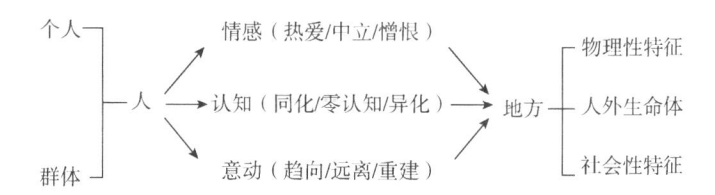

图3-1 生态场所观系统结构（何伟、张瑞杰，2017：57）

同时，学者们基于斯提比（Stibbe，2015）提出的话语生态类型分类，构建了生态场所观与语篇、生态保护行为之间的动态关系图，如图3-2所示（实线箭头表示生态良性循环）（何伟、张瑞杰，2017）。

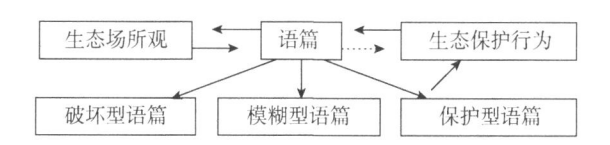

图3-2 生态场所观、语篇与生态保护关系图（何伟、张瑞杰，2017）

接着，何伟、张瑞杰从及物性视角，将参与者施事生态功能分为个体施事、群体施事、物理性场所施事和社会性场所施事、人外生命体施事（见图3-3），并解释为："个人指具有思想和行为能力的个体，强调个人经历对场所观所形成的影响；人群体指两个以上具有思想和行为能力的个体的集合体，强调文化、宗教等群体性特征对场所观形成的影响；场所物理性特征包括某特定场所的自然物理特征，如山川、河流、地貌、气候等；场所社会性特征指如住宅、街道、建筑物、城市设施等特定场所的人造环境；人外生命体则指所除人类之外的所有动、植物和微生物群体。"（何伟、张瑞杰，2017）

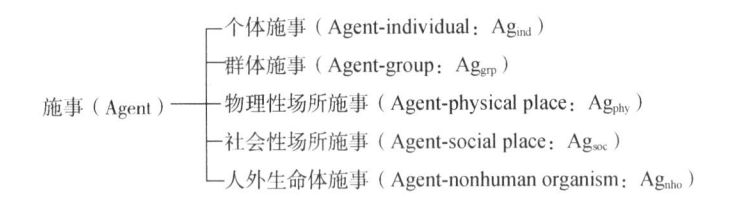

施事（Agent）
├─ 个体施事（Agent-individual：Ag_{ind}）
├─ 群体施事（Agent-group：Ag_{grp}）
├─ 物理性场所施事（Agent-physical place：Ag_{phy}）
├─ 社会性场所施事（Agent-social place：Ag_{soc}）
└─ 人外生命体施事（Agent-nonhuman organism：Ag_{nho}）

图3-3 施事参与者角色的生态功能细化图（何伟、张瑞杰，2017）

笔者则结合生态场所观、语篇与生态保护关系图和施事者与参与者角色生态功能细化结构（何伟、张瑞杰，2017），融入科技生态哲学观，构建了适于人工智能科普话语的生态分析框架（见图3-4）。

在生态功能视角下，及物性所实现的语义功能可称为表层意义，所隐含的生态场所观取向称为深层意义（何伟、张瑞杰，2017）。前者实现语篇的语义功能，后者则揭示语篇的生态取向，最终实现语义功能体现生态内涵的目的，使表深层处于一个动态、连续的语言生态系统之中，实现内外的平衡。基于此，本书理论框架也分为两个层面。

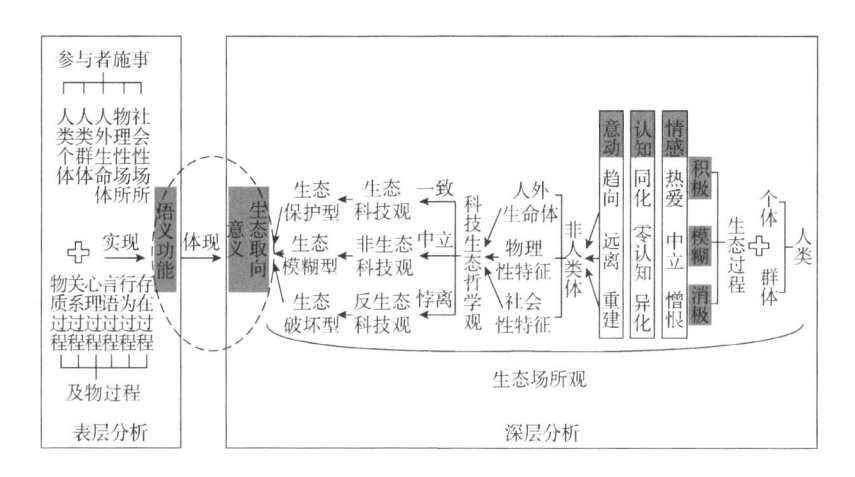

图 3-4 人工智能科普语篇的生态话语分析框架

从表层来看，基于施事者生态功能细化结构，语篇中参与者施事有不同分类（见图 3-4 左边实线矩形），并与不同的过程类型配置组合以实现语篇不同的语义功能。功能体现意义，这就需要我们从深层——生态场所观视角探讨。

从深层来看，及物性过程从情感（热爱/中立/憎恨）、认知（同化/零认知/异化）和意动（趋向/远离/重建）三个生态维度可二次分类，并从生态场所观视角判断它们的生态属性（见图 3-4 右边实线矩形），其判断标准则基于语言研究者所持的生态哲学观。生态哲学观是指一套具有规范性原则与假设的个人化哲学系统（Naess，1995）。在这个系统中，依据一定的生存法则，万物包括人类、动植物、其他微生物群体及自然环境均处于一个"和谐共生的"动态平衡当中（张琳、黄国文，2019），且不同的系统要求语言分析者持有不同的生态分析原则（Naess，1995）。就科技系统而言，语言分析者应持"科技生态哲学观"。科技生态根本宗旨是指导科技系统适应外界环境变化、实现自身与环境最优化发展及与生态的动态和谐（Parsons，1977）。基于此，我们依据生态学马克思主义理论（庄穆、董皓，2016），结合科技生态观（覃明兴，1997），重构了生态视域下的科技生态哲学观——"近自然科技观"。

近自然科技观倡导"人类应秉持亲近和尊重生态视域下而非经人为'拷问/打'的切片化科技"（覃明兴，1997）。具体来讲，"科技"可分为生态科技、非生态科技和反生态科技。生态科技指能优化整个生态系统并与自然保持高度亲近的科技；非生态科技泛指对生态系统影响不大、与自然若即若离的科技；而反生态科技则指对生态系统造成极大破坏、与自然相斥相离的科技。基于构建的科技生态哲学观，当科学界个体或群体对非人类体产生热爱、同化和趋向行为时，小句反映亲近自然生态科技观，属生态保护型；当个体或群体对非人类体产生中立、零认知和远离语言行为时，此小句反映与自然忽远忽近的非生态科技观，属生态模糊型；反之，当个体或群体对非人类体表现憎恨、异化和重建态度时，此小句反映与自然相斥的反生态科技观，属生态破坏型。

三 研究方法

本书采用定量定性研究相结合的方法。首先，笔者用 Excel 中的 RAND 函数随机选取 2010—2018 年刊登于网站 Science Daily 和 Popular Science 中的 20 篇英文人工智能科普文章，构建了一个库容为 7914 个词的语料库，其内容涵盖技术创新、社会服务、语言学习、环境保护等各个领域。其次，根据研究框架，对语料中出现的及物过程及其参与者施事进行人工标注并赋码。为保证数据收集的客观性和科学性，每次标注和赋码时间间隔为两周。最后，将两次的标注结果交叉比对确认无异后，再用 AntConc 软件进行数据提取，分别统计表层和深层施事者和过程出现频次并将其标准化，从频次和特征差异探讨此类语篇的生态性。

四 结果与讨论

本书从表层和深层两个维度对人工智能科普语篇中参与者施事和过程进行分类赋码和统计，具体分析如下。

1. 及物性过程的表层分析

根据图3-4左边实线矩形，我们对参与者施事和及物过程出现频次进行统计（见表3-1）。

表3-1 及物性过程及参与者施事表层分布特征

及物过程	参与者施事				
	人类个体	人类群体	人外生命体	物理性场所	社会性场所
物质过程	19	64	20	8	253
关系过程	3	22	10	2	144
心理过程	17	42	2	2	55
言语过程	100	17			13
行为过程	2	6	3		8
存在过程		3			17

由表3-1可知，20篇英文人工智能科普语篇中共有832个过程小句，物质过程出现频次最高，其次为关系过程，言语过程和心理过程频次相近但较少。相较之下，行为过程和存在过程则极少。此统计结果与韩旭和叶云屏（2004）的研究结果大致相同。他们只对选自《英语学习〈科技之虹〉》中不同领域的5篇科普文章及物过程类型进行了探究。而本书除了考察人工智能科普语篇及物过程类型特点外，还将参与者施事进行二次分类并纳入分析，从而更全面地揭示了科普文章及物性特点。接下来

笔者将重点分析差异明显的社会性施事的物质过程及关系过程类型。

(1) 物质过程

在人工智能科普语篇中,物质过程出现频次最高,且以社会性场所为主要施事的物质过程尤其显著,其他参与者施事的物质过程则相对较少。这表明人工智能科普文章主要运用物质过程对人工智能体或人工智能技术进行动态描写,客观真实地反映其发展给社会带来的变化,所以物质过程大量出现完全符合此类语篇的语场(韩旭、叶云屏,2004)。此外,科学界在撰写对人工智能技术认知的话语时,更倾向于以人工智能体为社会性场所施事,运用隐喻、拟人等积极修辞手法对人工智能体发展进行客观描述,使原本晦涩难懂的科技知识变得浅显易懂,在增强可读性的同时也大大激发了读者兴趣。

例13 But these AI robots can't take in new information or use it to improve problem-solving, provide richer alternatives or perform other higher-intelligence tasks. 译文:但这些人工智能机器人不会接受新信息,也不会用它来提升解决问题的效率,提供更丰富的替代方案,或执行其他更高智能的任务。(摘引自 https://www.sciencedaily.com/news/computers_math/artificial_intelligence/)

上例中,这些处于初始研发阶段的人工智能机器人还不能像人类一样自主吸收新信息,没有使用智能程序解决问题的能力,不能提供更加丰富的可选择性或运行更高智能任务。可知,此句选择具有社会性特征的人工智能机器人为主要施事者意在将一系列物质过程人性化，将人工智能体鲜活化。这一语义功能配置方式在一定程度上反映了及物性系统中的动作性和谐的特点。动作性和谐主要指施事主体通过对受事客体所发出的一系列亲近、趋向性或换位思考等有助于两者相互保持和谐的动作性过程，以实现主体和客体在新、旧信息传达和接受过程中的交流和谐（魏榕，2019）。就例13而言，这种和谐的话语表现方式意在给广大科普文章的阅读爱好者提供一个现有的知识语境框架平台，并运用可理解、可互通、雅趣和谐的话语方式让读者快速了解和认识人工智能技术的发展前景及其价值所在，从而实现普及科讯的交际功能（Halliday & Matthiessen，2004）。

（2）关系过程

在人工智能科普语篇中，关系过程出现频次排第二，且仍以社会性特征为主要施事的关系过程最多。这表明此类语篇倾向于运用关系过程建立人工智能与现实社会及其他场所特征之间的联系，传播和普及人工智能科技新发展，这也正是科普语篇的目的所在（Knorr-Cetina，1983）。例14中，撰写者将Calo所想象的人工智能与人类社会属性（非种族主义）建立联系并对其特征给予评价（无偏见），均体现了关系性过程的一种语义评价配置，即参与者施事在与受事者语义互动的过程中会对特定的事物赋予人类自身的价值判断、身份认同、情感态度和鉴赏评介等，从而引导大众读者在辩证、理性地看待人工智能对人类社会带来的伦理挑战的同时，也达到了"教化育人与关切人文"的信息功能和社会功能（魏榕，2019）。

例14　Calo's imagined AI wouldn't actually be racist. A machine that's incapable of opinion isn't capable of true bias. 译文：

卡洛将其人工智能机器人设想成一个非种族主义者。因为一台没有思想的机器是不可能产生偏见的。（摘引自 https://www.popsci.com/tags/ai/320/）

由上文分析可知：在英文人工智能科普语篇中，撰写者主要以社会性特征为主要施事，大量使用物质过程将人工智能体发展和进化过程通过语法范畴化；较多关系过程对人工智能特征及属性给予评述，从而清晰地反映人工智能技术与社会发展之间的联系，以此实现语言的经验功能。除此之外，我们也发现：在及物性系统中，各个过程和参与者施事不同的语义结合方式不仅仅为揭示人们如何通过各种语义表达方式来识解现实世界，也旨在反映人们对某一现实经验活动的情感、态度和奖赏等意识形态。只有两者在意义表达中实现互动和谐，才能真正促进科技与人类社会的和谐发展。反之，则会阻碍社会文明进步的步伐，甚至使人类文明出现倒退或不可逆转的局势。

语篇对参与者施事和过程类型的选择并不是盲目的，即使是同一体裁和内容的语篇，对事物的描述也可能采用不同的施事和过程组合，也就形成了不同的话语类型。这通常取决于撰写者的交际意图和动机及自身对该事物的生物认知（何伟、高然，2019）。因此，任何话语都会以某种语义特征或形式反映人类、社会和自然之间的关系，并在实现某种语义功能时折射出一定的意识形态，这种意指方式通常也左右着我们对自然环境的认知和意识形态构建（黄国文、赵蕊华，2017）。关于这种深层影响，本书将从生态场所观视角进一步详细阐释。

2. 及物性过程深层分析

笔者对人工智能科普语篇中参与者施事和及物过程进行生态

延展，根据图3-4实线矩形图研究框架，从生态场所观视角，我们对人工智能科普语篇的生态过程及参与者施事特征出现频率进行统计（见表3-2），以揭示此类语篇所蕴含的深层意义——生态取向。

表3-2 及物性过程类型与参与者施事配置方式频率分布统计表

生态过程	参与者施事						占比（%）
	人类个体	人类群体	人外生命体	物理性场所	社会性场所	总计	
生态模糊型	123	87	25	6	145	386	47
生态保护型	13	46	9	3	280	351	42
生态破坏型	5	21	1	3	65	95	11
所占比重（%）	17	19	4	1	59	832	100

从表3-2我们看出英文人工智能科普语篇中生态过程与其参与者施事的配置方式在反映语篇生态取向方面呈现明显的不平衡性。从生态类型来看，20篇人工智能科普语篇中，生态模糊型过程占比最高（47%），紧随其后的是生态保护型过程（42%）。相较之下，生态破坏性过程则偏少。从施事者来看，以社会性场所为施事的生态过程小句占比最高（59%），其次是以人类生命体（群体和个体）为施事的生态过程小句（共占36%），而以物理性场所为施事和以人外生命体为施事的生态过程小句则少到几乎可忽略。只从横向或纵向观察和对比，其生态分布的差异并不明显。然而，经纵、横向交叉对比，我们发现：此类语篇呈现的生态属性不平衡现象很大程度上取决于小句不同的语义结构配置方式和多重语境。这也使话语生态性研究者认识到：要想更全面地揭示和发现话语背后潜在的生态和非生态因素，就要对语篇中语言事件的语义配置规则及特点进行层层识构和识解。此处的"识

构"和"识解"(construe story)是指存在于人类头脑中、影响人类个体或群体看待世界的认知结构和对故事的理解(Stibbe, 2015)。鉴于此,笔者将从生态保护型、生态模糊型和生态破坏型三个生态维度逐一阐释造成其不平衡性及差异的真正原因。

为深度系统地揭示英文人工智能科普类语篇所传达的生态取向的真正内因,笔者根据图3-4实线矩形图研究框架,将生态过程及参与者实施进行二次划分、标注、赋码并进行统计,统计结果如表3-3所示。

表3-3 生态过程及参与者施事二次分类的生态特征分布统计表

生态过程		参与者施事者						
		人类个体	人类群体	非人类生命体	物理性场所	社会性场所	总计	占比(%)
生态模糊型	中立	2	6	3		24	35	9
	零认知	108	38	2		27	175	45
	远离	13	43	20	6	94	176	46
生态保护型	热爱	2	8	2	2	22	36	10
	同化	4	10	1		57	72	21
	趋向	7	28	6	1	201	243	69
生态破坏型	憎恨	2	6	1	1	8	18	19
	异化	3	8			13	24	26
	重建		7		2	44	53	55

(1) 生态模糊型过程

20篇人工智能科普文章中,使用频率最高的是生态模糊型过程。这与亚历山大和斯提比(Alexander, Stibbe, 2014)的观点相契合。他们认为人们生活中大多数话语都属中性话语,生态与非生态因素并存。

表3-3中,纵向来看,以人类个体为施事的认知(零认知)过程出现频次最高,其次是以社会性场所为施事的意动(远离)

过程；相比之下，以物理性场所为施事的意动（远离）生态过程最少。横向来看，此类语篇中表示意动的远离过程和参与认知的零认知过程各占一半，而表示情感的中立过程最少，出现此类现象的原因将以例 15 为例进行深度阐释。

例 15　"We believe specialized AI applications will become both increasingly common and more useful by 2030, improving our economy and quality of life," said Peter Stone. "But this technology will also create profound challenges, affecting jobs and incomes and other serious issues that we should begin addressing now to ensure that we can share the benefits of AI broadly".

译文：彼得·斯通说："我们相信，到 2030 年，专门的人工智能应用将变得越来越普遍和实用，从而改善我们的经济和生活质量。""但这项技术也将带来深刻的挑战，影响就业和收入，以及我们现在应该开始解决的其他严重问题，以确保我们能够很大程度上共享人工智能的好处。"（摘引自 https：//www. popsci. com/tags/ai/320/）

整体来看，此句属以人类个体为施事的零认知过程。例 15 中"said"言语动词之前，讲话者通过"believe"这一认知过程意在赞成人工智能技术应用将越来越普遍这一客观事实，从"common"和"more useful"便可知。然而，在"said"言语过程之后，我们发现讲话者用"but"一词转换话锋，将重心转向描述人工智能技术负面影响，着重强调人工智能给人类社会所带来的威胁与挑战，主要表现为就业收入、生存危机等。

由此可知，讲话者对人工智能的认知是矛盾的。这种矛盾主要是由写作者对事物缺乏足够了解而导致的。因为写作者（个体或群体）对某一场所特征产生模糊认知的过程就是对特定环境特征产生含糊记忆、信念、意义和知识的过程（张瑞杰，2018）。反映在人工智能科普语篇中则表现为：当写作者在科技应用中强调自身主体性与忽略自然界其他事物内在价值并存时，人类与自然界其他万物包括科技的平等界限就会被虚化（陈静，2017）。这主要通过话语使用者语义层和语法层的不确定而导致的意义的不确定，以及对外界事物认知的不确定性反映出来（黄国文、陈旸，2018）。也正是由于写作者话语所传达的生态取向的摇曳不定，科技的非生态性才得以体现出来，这与非生态科技的哲学观相契合，此类话语所体现的模糊生态取向就显而易见了。

（2）生态保护型过程

在人工智能科普语篇中，纵然科学界（个体或群体）对具有社会性特征的人工智能持有消极态度，但大多数情况下，撰写者仍倾向使用较多以社会性场所为施事的生态有益性过程，来展现人工智能科技亲近自然、生态化的一面。

通过分析语篇，我们发现：科学界（个人或群体）对非人类体，尤其是以社会性特征为施事的意动（趋向）过程最多（69%），其次为认知（同化）过程和情感（热爱）过程。从意动过程来看，科学界有人认为只要我们善于引导人工智能体向有利于生态系统和谐的方向发展，人工智能将会成为生态保护的有力工具。从认知过程来看，科学界也认为人工智能技术有助于保持人类社会与自然的动态和谐，也坚信植入人类伦理和智慧的机器人在某些方面会与人类一样聪慧，帮助人类更好地认知和探索世界（陈静，2017）。从情感过程来看，撰写者在保证科学理性地介绍人工智能技术前提下会对人工智能体表露仁爱之心，使文章充满人文情怀，达到与读者高度的情感共鸣。鉴于以上三种生态过程与生态科技哲学观相一致，我们将此类过程判断为生态保护型，如例16。

例16　a. Initially the baby can only babble and perceive speech as a string of sounds, but cannot divide up into words.

b. Initially the robot can only babble and perceive speech as a string of sounds, but cannot divide up into words.

（摘引自 https：//www.sciencedaily.com/news/computers_math/artificial_intelligence/）

译文：

a. 最初，婴儿只能咿呀学语，并将语言感知为一连串的声音，但不能将其分成单词。

b. 最初，机器人只能咿呀学语，并将语音理解为一串声音，但不能将其分成单词。

从表层来看，两句语义结构区别甚微，但两句在读者对人工智能体认知中所激发的生态意象却截然不同。从情感角度来看，前者是讲话者（个体）对一个婴儿牙牙学语本能行为能力的直接表达，属中性表述。而在后者中，讲话者（个体）将人工智能体视为具有生命体征的婴儿，并以父母身份时刻记录"宝宝"牙牙学语（babble）的过程。究其原因，可解释为：从情感角度看，当讲话者（个体/群体）对智能机器人（robot）产生建立情感联结的动机时，会有意识地将具有社会性的人工智能体人性化并给予情感投入，以此来拉近机器人（robot）与自我身份建构的亲近

(Proshansky, 1978; Proshansky, Fabian & Kaminoff, 1983),并从"以人为本"(the thought of people-orientedness)的角度出发赋予人工智能技术人性的真善美。从认知角度来看,讲话者选择使用"robot(社会特征)+ perceive(认知 pro)"这一语义结构表明:撰写者将人工智能视为一个有意识的生命体。将有认知的社会性场所特征纳入人文伦理考虑,并承认它具有与人类一样智慧和平等的权利,是生态文明社会人类对人外生命体应持的生态观(Regan & Singer, 1989),是良知原则的真实体现(黄国文,2018)。从意动过程视角来看,当个体或群体对某场所特征产生意动行为时,典型特征就是极力保持并缩短与此场所的亲密关系(Hidalgo & Hernandez, 2001)。在语篇分析中我们发现:讲话者选择"robot(社会属性)+ divide(意动 pro)"语义构成模式,反映出讲话者尝试赋予此人工智能体人类的一些行为能力以示亲近的急切愿望,符合亲近原则(the principle of proximity)(黄国文,2018),更是一种积极的生态行为。从以上情感、认知和意动行为生态视角分析,我们发现 b 句充分体现了生态行为分析中的"以人为本"的假定之说和两条亲自然的原则:良知原则和亲近原则(黄国文,2018)。

总之,基于科技生态哲学观,我们发现:前者属于人类对自身行为能力的一种客观描述,而后者则强烈反映了此新兴科技亲近自然的积极生态效应,与生态科技观相一致,属生态保护型过程。如此之下,两句的生态属性一目了然,其生态意义也得以直观呈现。

(3) 生态破坏型过程

在人工智能科普语篇中,表现为生态破坏型过程的小句出现频次较低。这是源于写作者倾向于将人工智能技术视为非生态科技。因此，那些反生态、不利于维持科技与自然和谐共处的破坏型话语则较少出现（Stibbe，2018）。

从表3-2可知，生态破坏型过程占比最少（11%），且多以社会性场所为主要施事。从表3-3可见，反对人工智能技术研发的重建过程占比最高（55%）。这表明：从参与者施事角度看，科学界选择以社会性场所为主要施事，意图撇清自身与人工智能将给人类带来社会灾难的关系，推卸科研人员所需承担的风险和责任，而将一切罪责归咎于人工智能技术本身。从生态过程来看，写作者花大量笔墨从情感、认知和意动三个生态过程描述人工智能技术弊端，目的是向读者传递一种"反生态"科技观念。这种反生态科技观认为人工智能技术是善与恶的斗争，当人工智能技术研发用于改造自然、回馈社会的过程中，其恶的因素一旦处于主导地位，将不遗余力向自然界和社会做出反噬，成为肆虐大自然、破坏和谐生态的利刃（覃明兴，1997），如例17。

例17 We have recently been joined by a cavalry of more-exotic knights. Nanobots will engulf us, robots will enslave us, artificial intelligence will turn us into raw materials. （摘引自https：//www.sciencedaily.com/news/computers_math/artificial_intelligence/）

译文：现如今，"一支更有异域风情的骑兵"闯入我们的生活。纳米机器人将吞噬我们，机器人将奴役我们，而人工智能将把我们变成原材料。

上例中，"a cavalry of more-exotic knights"运用隐喻手法，意在告诫读者人类已陷入与人工智能的斗争，这反映出科学界少数个体或群体对人工智能持憎恨情感。从意动过程来看,"engulf""enslave"和"turn into"这三个意动过程施动者均为以具有社会性特征的人工智能体为施事,其目标都指向人类"us",这凸显了写作者对人类即将失去对人工智能的控制并成为人工智能的俘虏深表担忧,意在呼吁科学界中止并放弃对人工智能的研究。由此可知,整个话语所呈现的是一个驯化的、切片化的、被动地屈从于以人类切身安全和利益为出发点和落脚点的技术,却从未将人工智能对自然界其他非人类体、社会性场所和物理性场所造成的危害考虑在内。这是典型的科技理性下的缺乏"近自然的科技观"的人类中心主义(Halliday,1990)。"近自然的科技观"从哲学角度出发,认为现代科技应极力避免对"人类中心"主义的偏执追求,提倡"非人类中心"的生态主义和生命平等,进而发展适应自然、亲近自然、尊重并顺应自然的生态化科技(庄穆、董皓,2016)。因此,以上分析足以反映出写作者对具有社会属性的纳米机器人(Nanobots)、机器人(robots)和人工智能持重建和憎恨态度,是典型的生态破坏性话语,体现了反生态科技观。

五 总结

基于以上讨论,我们发现:(1)表层来看,为促进人工智能科技知识的普及,写作者倾向使用社会性场所为主要施事的物质过程和关系过程的语义配置方式,大量运用表示态度、评介和鉴赏的词汇通俗有趣地向读者传播科技新动态,从而实现"启蒙科技思想与传播人文情怀"的信息功能和社会功能,借此向读者传播人工智能科技在人类社会和谐发展过程中的作用力和影响力。

(2) 深层来看，人工智能科普语篇所传达的生态观呈现不确定性，包括生态模糊型和生态有益型两种。究其原因，人工智能语篇写作者更倾向于将人工智能技术视为一种趋近自然、尽力维持生态平衡的科技而非远自然的反生态科技。这一研究给我们也带来了两个启示。首先，科学界应积极树立全新的生态科技哲学观，强化生态科技意识，为发展生态科技奠定雄厚的思想基础。其次，语言作为传播科学生态的主要媒介起着重要作用，这就需要写作者不断增强对语言运用的生态意识。而语言研究者要做的则是努力探究和发现语言与生态的相互影响和作用，尽力挖掘科普语篇中出现的生态和非生态因子，唤起大众读者对生态保护的责任和义务，使人们意识到语言在主动构建和推进"人类命运共同体"重要理念过程中的中坚力量，进而实现语言与生态的和谐发展（黄国文、文秋芳，2018）。做一个"思，以生态语言学为本；行，以生态语言学为道"的"生态人"（黄国文，2016）。

英文科普类话语中参与者的语义功能以及语义配置结构反映了特定的生态意识，从过程意义、参与者角色和其他评价性成分方面向公众传递生态科技哲学观。此研究不仅揭示了此类语篇的语言特征，同时在马克思主义科技生态哲学观的指导下提出关于科学技术如何尊重自然、顺应自然，遵循生态法则及自然发展规律的基本立场和观点，是生态话语分析实践拓展的有益尝试。而概念意义语义配置所体现的生态性不仅对自然生态具有影响力，对社会生态也同样产生难以估量的影响。在下一小节中，本书将针对新闻话语对国际社会生态环境的影响进行深入、系统的分析。

本节中，英语话语生态性的分析实践案例实现了深层研究与表层研究的有机统一，其表层的语言选择和语义功能与其传达的深层生态意义相互影响,相辅相成。以英语科普类语篇为例的分析实践为生态语言学实践层面的拓展提供了借鉴与参考。目前,在强调语言学研究原创性和本土化的趋势下,中国语境下汉语话语生态性的探索也日渐得到构建和推广。在下一节中,本书不仅聚集汉语生态话语文本,同时也将分析拓展到不同的文本类型,进一步拓展生态语言学的话语分析实践范围。

第三节 汉语话语生态性分析

一 中国网络生物造谣者"伪"生态身份的话语建构研究

网络舆论生态中生物谣言的泛滥不仅影响社会稳定,同时影响人们对生物的感受与认知,进而破坏生态稳定。而生物谣言的大肆传播"得益于"生物造谣者在生产谣言的过程中为自己虚构的生态身份。鉴于此,本小节结合评价语义系统与劝说策略,以29份中国网络生物谣言语篇为语料,探讨生物谣言文本中造谣者如何构建其"伪"生态身份,以期为广大民众提供警示。

(一) 研究背景

随着新兴传播媒介的发展和网民数量的剧增,海量的信息流通与简易的信息获取使得网络谣言甚嚣尘上(刘泾,2014),极易造成民众的误解,割裂人与人之间的良性互动关系(胡国梁,2021)。其中,网络生物谣言,即网络使用者在网上传播的与动物、植物、微生物(包括病毒)等生物有关的未经证实的特定信息(巢乃鹏、黄娴,2004)也似雨后春笋般涌现。如国内近期"猴痘病毒与猴子有关"的谣言以及2007年的"蕉癌事件"等,均在不同程度上造成了大众心理的恐慌,加剧了对生命共同体的集体焦虑（胡国梁，2021），最终破坏人与自然的和谐关系。这些造谣者假借不实的生物信息，通过恶意叙事的话语方式左右大众的生物认知和情感，以此构建自身"以假乱真"的"生态身份"（Thomashow，1995），以便于其利用"伪"生态身份潜移默化地传播意识形态（Ewert，2022）。因此，有必要解读网络生物造谣者"伪"生态身份的话语建构，由此揭露造谣者假借"生态""环保"等名义影响社会生态和谐的"不良居心"，帮助辟谣者在舆论调控时"对症下药"。

对谣言真伪的判断，以及对造谣者生态身份真伪的鉴定，具有明显的意识形态属性（李永平，2014）。自古以来，谣言和巫术、符咒、魅术、神谕等密不可分，"造谣者"因此能够塑造自身"自然神代言人"的"伪"生态身份，利用"君权神授"以及身份的神秘感，归化不同集群，通过潜入集体无意识记忆之中来实现阶级控制（李永平，2011）。直到19世纪，真伪分野的知识传统才逐渐形成（李永平，2014）。尽管如此，"真理"仍然掌握在隐匿的"权威者"手中，并通过完善自身的叙述结构（弗朗索瓦丝·勒莫，1999），操纵着科学和自然的关系，虚构"自然改造者"身份。而进入如今的互联网时代，交互性媒介的出现让公众成为风险信息发布的主体，虽赋权于民众、扩展了民众信息分享与获取的渠道，却进一步模糊了信息真伪的界限（李永平，2011）。众多网络生物谣言大肆宣扬"伪科学"、引导社会舆论、传播"伪"生态价值观，使造谣者的"伪"生态身份建构变得易如反掌（陈安等，2020），使大众陷入了"造谣动动嘴，辟谣跑断腿"的恶性循环生态圈（施爱东，2016）。因此，要想避免谣言破坏网络生态与社会生活的健康与和谐，重建民众可持续的生态认知，就有必要挖掘网络生物谣言的生产机制，探索造谣者在特定语境中如何利用话语结构与策略建构"伪"生态身份，考察造谣者建构了哪些"伪"生态身份，并解读其身份建构的社会成因。

（二）文献综述

1. 网络生物谣言相关研究

当前的网络生物谣言研究主要分布于传播学、法学、社会学等领域，关注生物谣言的传播模式与消解策略（陈安等，2020；王灿发，2010）、法律应对（胡国梁，2021；陈文，2020）、国家与社会治理（欧阳康、张梦，2022；胡国梁，2021；程辉等，2020）等话题。这些视角的研究均从宏观层面出发，提出网络生物谣言的消解应当从把握舆论动态、增强公众媒介素养与批判能力等方面入手（王灿发，2010），以明确谣言认定标准、加强行政处罚与刑事制裁（胡国梁，2021；陈文，2020），并在此基础上加大国家与社会公权力的干预（胡国梁，2021）。但这些研究的最终落脚点均为谣言防治，对网络生物谣言本身的话语结构与生产机制知之甚少，因而难以通过对社会文化溯源，挖掘生物谣言产生与传播的深层原因。

鉴于此，研究者们开始尝试从相对微观的语言学视角关注网络生物谣言。在为数不多的话语分析实践中，学者们更多关注生物谣言文本背后隐含的控制形式与权力关系。例如，已有研究结合修辞学、社会符号学等相关理论，对有关"非典"等突发公共事件谣言内容中"隐性对话"的社会结构作用进行了梳理和反思（王灿发、侯欣洁，2012）；有学者批判了新闻媒体如何利用隐喻、文本架构、词汇选择等话语策略污名化"霍乱"（Stinesen et al., 2016）及新冠病毒（黄蔷，2021）；也有学者引入科学哲学中"无知学"的概念和分析框架，揭示看似"无知"的新冠疫情谣言背后隐藏的政治权力话语（刘娜、朱松林，2021）。从这些研究的研究对象来看，网络生物谣言被限制在网络病毒谣言的框架内，虽然具有一定的代表性，却未重视网络生物谣言的多样性。另外，网络生物谣言研究的重要性不仅在于其具有广泛的理论意义，更在于其与生态管理也具有相关性（Delibes-Mateos，2017）。上述研究将这一"生态"概念分为两个导向，一是国际生态，二是社会生态，但在一定程度上忽略了自然生态，且重在批判谣言所造成的国际与社会生态危机，并未关注网络生物谣言所导致的自然生态破坏。此外，从研究目标来看，上述研究虽向社会文化背景与意识形态问题拓展，却忽视了"造谣者"的身份建构问题。在造谣者的言语逻辑与文本建构的背后，是利用话语建构身份并试图掌握网络话语权的过程，而生物谣言与自然生态的密切关联也使生物造谣者的身份建构具有明显的"生态性质"。研究者们却并未关注造谣话语和生态身份的辩证关系。正因如此，本书将重点聚焦网络生物造谣者"生态身份"的话语建构问题，探查谣言对自然生态的影响。

2. 生态身份建构相关研究

"身份"本质上指"在文化语境中人们对于个人经历和社会地位的阐释和建构"（项蕴华，2009：188）。其中，"身份建构"则被概括为"一系列自我定义和对自我建构不断修正的过程"（Merchand & Parpart，2003：81），具有特定的哲学基础（如社会建构理论）与语言学（如批评话语分析）基础（项蕴华，2009）。正因如此，身份研究在社会建构理论指导下，融合话语分析方法而兴起（胡春雨、徐奕琳，2023），如学者们主要采用语篇历史分析法（Wodak，2013），探索企业身份（胡春雨、徐奕琳，2023；乌楠、张敬源，2019）、医患身份（杨敏、佟彤，2022）、集体身份（孙成志、高欢，2021）等身份建构的语言表达形式、话语策略及内容和主题。

而随着话语分析的生态转向，身份建构的相关研究被进一步纳入生态框架之中，"生态身份（ecological identity）"概念逐渐兴起，有关"生态身份"的定义与研究亦层出不穷。托马斯修（Thomashow，1995）认为"生态身份是人们解释自己与地球关系的一种方式"；魏格特（Weigert，1997）倾向"环境"一词，指出"环境身份（environmental identity）是确立我们与自然环境的关系以及我们如何与自然环境互动的经验认同"；莱特（Light，2000）将生态身份归属为环境政治领域，关注人与自然的主体间性；克莱顿和吉恩在总结以往研究的基础上，提出"环境身份是与自然相互联系、相互依存的自我认同，其代表个人倾向于与自然世界互动的程度，自然对个人的重要程度，以及个人与自然相关的积极体验和情感"（Clayton，Gene，2009：209）。虽然上述学者从环境传播（environmental communication）或环保心理学（conservation psychology）视角对"生态身份"的界定不尽相同，但均强调"生态身份"是人们识解自我与自然关系的方式（苗兴伟、李珂，2022）。

学者们将环境问题归结为人类对自我和自然的认知、态度和行为问题，这种认识促使更多学者将注意力集中在人们思考环境的方式上，由此进一步推动了语言学领域对生态身份的关注，因为"身份主要或至少部分是由语言所缔造的"（Stibbe，2015：106）。其中，消极性的生态身份诱导人们采用生态破坏性话语或行为，积极性的生态身份鼓励人们以有助于生态保护的方式行事（Stibbe，2015）。此外，还有一类具有模糊性的"伪生态身份"，可被定义为"刻意将自身虚构为某种积极的生态身份，却隐性地危害生态稳定以及人类对生命共同体的认同，以获取某种身份利益"。因此，生态身份的类型及其生态性质可以通过研究特定主题的文本来讲述如何利用话语结构表达生态立场，如何诉诸话语策略为不同类型的自然物创建标签、对向大众灌输错误的生态价值观加以界定。

就现阶段的研究动向而言，针对生态身份的语言学研究主要聚焦于立场表达视域（苗兴伟、李珂，2022）、再语境化视角（苗兴伟、李珂，2021）、多模态隐喻（赵秀凤，2022）以及媒介给养（media affordance）角度（Goshylyk，2022）。此类研究主要关注企业（苗兴伟、李珂，2021；2022）、非政府组织（赵秀凤，2022）以及媒体（Goshylyk，2022）等如何建构生态身份，表达人与自然的关系，但较少关注社会舆论情况，即作为社会主体的民众在网络交流过程中产生和持有的生态认知。由此，这在一定程度上忽视了生态身份构建的社会动态性。此外，上述研究聚焦话语资源以及话语策略如何建构生态身份，即从语言内部环境的角度观察发话者塑造了什么样的生态角色，对具有主观判断能力的群体构建某种生态身份的目的性理解不足。值得一提的是，网络信息具有虚拟性与欺骗性，造谣者在信息分享过程中为自己包装的生态身份甚至具有伪装性与模糊性，但现有研究对"伪"生态身份的探索及驱动造谣者建构此类身份的要素分析相对欠缺。因此，本书将聚焦中国网络生物造谣者的"伪"生态身份，在解构其话语结构的基础上，探讨"伪"生态身份建构的动态性及目的性。

（三）理论框架

谣言之所以成为非正式人际传播的一个重要元素，是因为造谣者利用词汇语法资源实现特定的话语策略，赋予了谣言文本以娱乐性（recreational）、规定性（prescriptive）和说服性（persuasive）功能，实现了造谣者之伪生态身份的合法化，并帮助造谣者侵入媒介的制度话语领域（Khakimova，2019）。在此期间，人与其他生物的矛盾、人与人之间的矛盾在一定程度上被激化或升级。且特定时期的网络生物谣言反映了社会变迁与生态现实（张志安、束开荣，2016），在造谣者主观意识的驱动下又表现出"动态性"与"目的性"（陈新仁，2013）。正如近年来重大公共卫生事件的频发，引起公共危机与个体自我教育觉醒，也给造谣者提供了可乘之机。他们从危机、冲突、抗争视角实现生物信息的伪科普与恶意传播（黄河、刘琳琳，2014；Pezzullo & Cox，2018），在建构"伪"生态身份的同时追求特定的身份利益，表现出明显的"人类中心主义"倾向。因此，本书不仅关注"伪"生态身份形成与发展过程中网络生物谣言的话语建构，也尝试解读不同语境下造谣者建构"伪"生态身份的驱动要素。

1. 网络生物造谣者"伪"生态身份建构的话语路径

谣言的潜在危害在于造谣者能够利用看似科学的言论瞬间聚集大量的注意力，并虚构正面的"伪"生态身份，为把控受众的生态认知与行为创造机会。这种危害本质上归咎于谣言本身的信息负载性（任一奇等，2012），以及谣言背后存在的一套微妙、独特的说服系统（袁会、蔡骐，2022：58）。在亚里士多德的经典理论中，所谓的说服系统包括喻情（pathos）、喻理（logos）和喻德（ethos）三项策略（亓玉杰、冯德正，2014：9）。虽然该经典理论发轫于修辞演讲与辩论中对听众的说服，但也适用于分析广告、政治性语篇、调解话语、谣言语篇等具有说服力与引导力文本的话语策略。

另外，话语劝说策略与生态身份建构密不可分。从谣言的生成机制以及造谣者的"伪"生态身份建构来看，喻情策略强调造谣者通过表达造谣者自身情感诉求以及态度评价，显性或隐性地引发受众的积极或消极情绪，在打动受众的基础上创造生态身份认同感（张晓雪，2016），强化生态身份的感染力。喻理策略讲求逻辑论证与事据推理（曹京渊，2001），借助论题构成主张，通过多个主张的相互叠加形成论证（胡春雨、徐奕琳，2023），又利用论证来包装生态身份的科学性与可认证性。喻德策略与发话者的道德品质及言语威信密切相关（张晓雪，2016）。在谣言文本中，喻德策略体现在造谣者利用自身流量或借助官方信息、专业人士或公众人物的影响力（亓玉杰、冯德正，2014）获取受众信任，巩固生态身份并增强身份的权威性。

而说服与身份建构是一个符号化的过程（袁会、蔡骐，2022）。生态网络谣言文本中表现出的强烈说服意愿及其隐藏的生态价值意向与话语的意义系统密切相关，主要通过评价性语义配置进行激活。评价性语义配置模式是从功能语义视角对评价理论的发展（魏榕，2019），具体而言，是从概念意义角度对话语评价意义的阐释，重点聚焦及物系统的评价作用（朱永生，2009）。评价性语义配置模式不仅是造谣者劝说策略的表意渠道，更是他们建构生态身份的重要话语资源。因为"身份"的形成往往基于说话者如何为生态"事件"发声，而"事件"内部具有"及物性"（王振华，2004），加之"发声"方式不仅具有"及物性"，又包含造谣者对"事件"的价值判断。由此，评价性语义配置模式有利于研究者全面把握造谣者对生态事件的看法，及其为自身所建构的"伪"生态身份。具体而言，根据"及物性过程"分类，评价语义系统包含动作性评价语义、心理性评价语义、关系性评价语义、行为性评价语义、交流性评价语义、存在性评价语义。其中，动作性评价语义表达对小句的参与者（包括动作者与目标）和动作过程给予评价；心理性评价语义呈现的评价意义主要针对感觉者与被感知的现象；关系性评价语义聚焦参与者（包括载体与属性，或被识别者与识别者，或被占有者与占有者）及关系过程；行为性评价语义强调行为者和行为过程；交流性评价语义的重点在于交流方、过程、交流对象和交流内容；存在性评价语义重点关注存在方、位置和过程（魏榕，2019）。且六种评价语义模式都可分为积极、消极与中性三个维度（王振华，2004），这些维度是体现人与自然关系的判断依据（魏榕，2019），也是造谣者构建生态身份的关键话语线索。正如在"猴痘病毒与猴子有关"的系列谣言中，造谣者通过消极性关系评价语义毫无依据地将"猴痘"与"猴子"建立类比关系，导致人们误以为猴痘是猴子身上特有的一种病毒，从而引起地区范围内对猴子的厌恶。这虽看似在向大众科普生态卫生信息，实际却制造了人和自然的生态矛盾与集体恐慌。

2. 网络生物造谣者"伪"生态身份建构的驱动要素

针对生态身份的研究既要重视分析身份建构的语言结构，又要注重解读身份建构的目的性，尤其是意识形态以及利益关系等要素影响下的目的驱动（石春煦，2022）。本质上，生态身份的建构是造谣者在不同语境下挪用环境信息、表明话语立场的结果，并受到自然、社会、文化环境中身份利益的驱动。身份利益原指"国家行为体对某一身份定位进行追求与维护的利益"，包括国家层面的生存利益、地区间层次的发展利益以及全球层面的价值利益（李奇前，2022：35）。拓展到"生态身份利益"，其指"行为体对生态身份定位进行追求与维护的利益"，也可分为三个层面，分别是自然层面的生存利益、社会层面的关系利益以及文化层面的价值利益。生态身份主体本应维护的生存利益包括人类的生存空间，也包含非人类生物的生存空间。这决定了信息发布者是以人类中心视角来看待环境资源，还是以更博爱的认知与普世的精神来体验环境信息。关系利益从狭义来看主要指向社会人际关系，广义来看又包含代内关系与代际关系（任重，2012）。其中，代内关系形容同时代人之间在环境利益、环境损失和环境责任分担方面的责任利益关系（王岑、郭育丰，2009）；代际关系涉及更长远的利益，指当代人和后代人在利用自然资源和环境，获得生存与发展机会方面的权利和责任分担（江海燕，2012）。它们决定了信息发布者是以个人利益为首还是以他人利益为先来评价生态事件、建构生态身份。价值利益则指向生态文化与生态文明建设的目标，是在思维范式上强调整体性、交互性和非线性的系统和谐文化、人文道德观念以及生态审美主义（尚晨光、赵建军，2019；冯冬娜，2023）。从根本上看，价值利益是主体生态价值观的集中体现。这三种生态身份利益形式反映了生态身份深层的意识形态属性，不仅驱动生态身份的建构，也是拉拢受众获得"伪"身份认同的关键推动因子。

3. 网络生物造谣者"伪"生态身份建构的分析框架

综上，本书结合劝说策略与话语的评价语义配置模式，对中国网络生物谣言文本展开研究，探讨谣言生产过程中，造谣者"伪"生态身份建构的话语实现及其驱动要素，分析框架如图3-5所示。

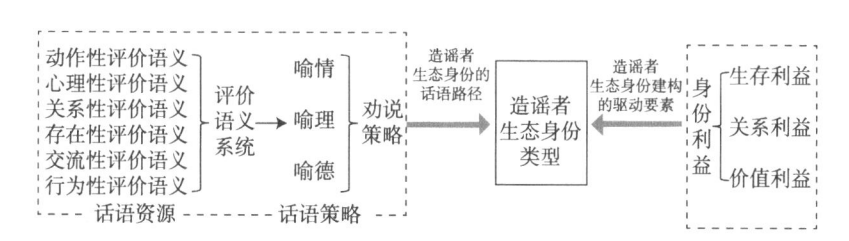

图3-5 网络生物造谣者"伪"生态身份建构的分析框架

由图 3-5 可见，在谣言的生成机制中，造谣者通过评价语义系统，具体凭借对主体动作（动作性评价语义）、内心情感及认知（心理性评价语义）、性质与特征（关系性评价语义）、存在情况（存在性评价语义）、信息交流模式（交流性评价语义）以及生理活动（行为性评价语义）的阐释与褒贬评价实现生态身份建构的话语策略。其中，表明主体内心世界发展变化并试图实现情感共鸣、情感转移的话语结构与喻情策略相呼应，并利用情绪抒发与激引塑造自身"伪"生态身份，提升其号召力与感染力。"还原"事件本身起因、经过、结果的话语资源与喻理策略相契合，旨在通过"摆事实，讲道理"、寓理于例等方式满足受众对"真理"的需要，并以此论证自身"伪"生态身份的合理性与逻辑性。而涉及公信力、话语权威性的言语过程则与喻德策略相链接。造谣者通过喻德策略，诉诸外部"声音"为自身造势，通过转述他人话语与观点为个人的"伪"生态身份作背书。

这些话语结构与策略选择合法化造谣者的"伪"生态身份类型，帮助其传播特定的生态意识形态，掌握受众的生态行为选择。而造谣者的生态身份建构也同样受到语境的影响，不仅是对自然、社会及文化环境的调整或适应，更是为了争取或维护相应的生态身份利益。其中的生存利益、关系利益与价值利益等驱动要素均在不同层面上反映了造谣者的意识形态与生态价值属性。因此，本书关注的中国网络生物谣言，以评价语义与劝说策略为分析路径，探讨造谣者的"伪"生态身份以及身份建构的驱动要素。

（四）研究方法

为探讨中国网络生物谣言语篇背后网络生物造谣者的生态身份建构，本书具体回答以下三个研究问题：

（1）中国网络生物谣言文本中评价语义分布呈现何种特征？实现了哪些劝说策略？

（2）中国网络生物造谣者通过劝说策略建构了哪些生态身份？

（3）中国网络生物造谣者生态身份建构受到哪些驱动要素影响？

为收集中国网络生物谣言文本以回答上述研究问题，我们首先于2023年5月18日在中国"联合辟谣平台"应用软件中输入"动物""植物""虫""微生物"等中文关键词，选取与生物相关的辟谣信息。随后，通过微博、百度、微信公众号等对原谣言信息进行追踪与溯源，并通过 Vovsoft Speech to Text Converter 软件对其中的视频与语音信息进行转录，最终共收集到29份中国网络生物谣言文本，并构建了库容为12216个字的中国网络生物谣言语料库。

针对中国网络生物谣言语料，我们首先采取人工赋码的方式，识别语料库中评价性语义配置方式及其劝说策略，并计算评价性语义配置及各种策略使用的相对频率。识别与编码共计两次，时间间隔为两周。随后，基于统计结果，我们进一步分析造谣者"伪"生态身份的建构，并讨论"伪"生态身份建构的驱动因素。

（五）结果与讨论

本部分聚焦中国网络生物谣言文本中评价性语义配置分布特点以及造谣者选用劝说策略的倾向性，具体分析造谣者"伪"生态身份建构的话语路径，并基于研究框架进一步揭示"伪"生态身份建构的驱动要素。

1. 中国网络生物谣言文本的话语资源

为观察中国网络生物谣言文本的话语结构，我们首先对其评价性语义配置的相对频率进行分类统计,统计结果如图3-6所示。

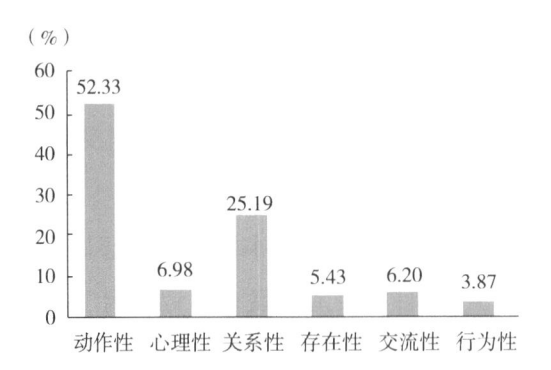

图3-6 中国网络生物谣言文本的评价语义分布

结合图3-6和语料可见,网络生物谣言文本的评价语义分布呈现出以动作性(52.33%)与关系性(25.19%)评价语义为主,辅以心理性(6.98%)与交流性(6.20%)评价语义,而存在性(5.43%)与行为性(3.87%)评价语义并不显著。这一分布特点与科普类文本具有一定的相似性(蒋婷、杨银花,2019),但也有其独特的体裁特性。

具体而言,谣言所叙述的事件要让人信服,往往亦真亦假,真假参半,因此事件的进展与过程往往通过连贯的动作过程与存在过程得以阐释,并通过关系过程进行适当的类别归属与性质界定。这种动态叙事与静态归类的推理与归纳模式往往与叙述者的主观判断相结合,虽然这种判断多为隐性,但也能成为检验人类行为好坏、事件虚实的基础(王振华,2004)。在为事件发声的过程中,造谣者也会直接掺杂个人或特定群体的感情色彩,诉诸显性的心理性评价语义,表达对事件的好恶态度。加之,造谣者往往习惯性指代其他的、缺席的叙述者,引用并不在场的他人,以"有人说""某某表示"等交流过程来隐匿自身的存在(李永平,2014),进而实现对事件本身或"并不在场的他人"的支持或反驳。正是在这些话语资源组合的话语结构叙事中，谣言的说服和劝服的效果能得以成倍增加。以下将结合谣言文本中评价语义的分布情况，从劝说策略的角度对谣言文本进行分析。

2. 中国网络生物谣言文本的话语策略

根据造谣者生态身份的话语实现，本书从喻情、喻理、喻德三个方面对谣言文本中的话语结构，即评价语义进行二次分类，统计结果见图3-7。

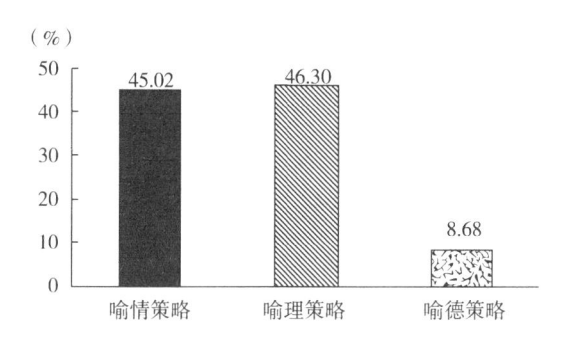

图3-7 中国网络生物谣言文本的劝说策略分布

由图3-7可知，造谣者对劝说策略的选用具有明显的倾向性。造谣者重点通过喻理策略（46.30%）展开对受众的逻辑引导，通过理性分析生态事件原委或提供生态危机的解决措施营造科学性。喻情策略（45.02%）的比例与喻理策略相差较小。造谣者对自身情绪的抒发以及受众情感的诱发，是通过感性表达引起受众对生物或生态圈的态度变化，进而推动受众的直觉性跟随。相较而言，喻德策略（8.68%）则占比最小，主要表现在造谣者利用他人或官方的公信度为自身造势从而试图提高自身的网络影响力。喻理、喻情与喻德策略的配合是理性、感性、知性的中和，可见造谣者深谙社会舆论之道。

根据生态身份的建构过程，我们对造谣者选用的劝说策略进一步归纳分析，发现造谣者搭配使用各类评价性语义，弹性把握着对事件的好恶评价，左右受众对事件的真伪判断，企图包装自己的"伪"生态身份。下面将结合具体语料，以评价语义资源为语言路径，从喻情策略、喻理策略及喻德策略三项话语策略实践角度，对造谣者生态身份的话语实现方式及驱动要素进行阐释。

3. 造谣者"伪"生态身份构建的话语路径及驱动要素

造谣者的话语具有建构性，并在社会组织中协调意识形态与生态关系，这一过程也是生态身份的话语建构过程（苗兴伟、李珂，2021）。造谣者通过评价性语义配置模式实现的劝说策略，在"科普"生物信息、表达对生物关爱之心、消减民众生态焦虑过程中，重点建构了自身"伪"生物知识科普者身份，其次为"伪"生物爱护者身份，间或建构"伪"生态焦虑劝慰者身份。

（1）"伪"生物知识科普者身份构建的话语路径与驱动要素

知识科普是丰富民众知识、提升民众素质的重要环节，也是发话者建构自身权威性的重要手段（邓庆环，2009）。而民众对广泛生物知识的匮乏为造谣者提供了可乘之机，且科普作品为增加传播力而降低专业性的言语特点也为造谣者提供了众多便利，不仅使造谣者减少了造谣的知识成本，甚至助长他们营造出"知识下沉"的亲和力。

例18 它（仙人掌）的刺会发出负离子，中和正离子，因此吸收辐射的能力特别好。为了防辐射，不少人都会习惯性地在电脑屏幕旁边放一盆仙人掌。

例18是利用喻理与喻德策略实现"知识科普"的典型例子。造谣者首先通过"发出""中和""吸收"等具有积极意义的动作性评价语义，阐释了仙人掌的防辐射过程，并且利用"能力特别好"这一积极的关系性评价语义加强了对仙人掌防辐射能力的肯定。这一推导过程因为"负离子""正离子"等"科学"信息的加入而被贴上了"专业性"的标签。然而,受众事实上无法从文本中了解仙人掌所释放的负离子与正离子具体是什么以及如何释放,他们对仙人掌功效的信任以及文本逻辑推理的接受,或许是受到"正负电荷相吸"这一基础常识的影响。可见,造谣者只是巧借喻理策略实现了一种毫无依据的知识迁移,便利了自身"伪"生物知识科普者身份的合法化,实际并不具备真正科学人所具有的学术品质和专业敏感度,无法对科学与伪科学做出反应和判断(李福鹏、姜萍,2009)。在第二个小句中,造谣者进一步把握和预判"不少"普通群众的习惯提供了一种积极的心理暗示,即多数人都相信仙人掌有吸收电脑辐射的作用并实践之,从而借助积极心理性评价语义实现喻德策略(亓玉杰、冯德正,2014),引导甚至约束受众的行为改变。在这一过程中,造谣者隐性地将自己定立为群体带头人,在"科普"生物知识的同时提升自己的影响力。

除了普通群众的"群体效应",说服效果也会受到信源权威性的影响(Sears,1961;宫贺等,2022)。因此,造谣者会借助专业人士或官方资料为自己所掌握及传播的信息站位,从而瓦解受众的异议,巩固自身的"伪"生物知识科普者身份。如以下两例:

例19 批发市场的大米,只要是3元以下的,都是混合了为数不少的陈米的……我咨询了几个家里种水稻的亲戚,同时又咨询了农业水稻专家,得出的结论大致相同。

例20 超市里卖的大米不生虫,是因为加了防腐剂……

2007年发布的《食品添加剂使用标准》规定中，大米被允许添加包括防腐剂在内的三种添加剂，这三种添加剂分别为淀粉磷酸酯钠，功能为增稠剂；双乙酸钠，功能为防腐剂；脱乙酰甲壳素（又名壳聚糖），功能为增稠剂、被膜剂。

例19中两个"咨询"实现了中性的交流性评价语义配置，其中的主体交流方为"我"（该谣言发布者），客体交流方为具有实践能力的种水稻的亲戚以及同时具有理论知识与实践能力的水稻专家。实际上，造谣者并未提供被咨询者的具体资料，读者也无从得知这一交互过程是否真实存在。但是两者身份的介入能在一定程度上促使受众认可结论，并把观点置于受众的知识背景之中，以此达到与受众共同构建新知识的目的（邓庆环，2009），甚至进一步塑造造谣者为求真理不断探索的形象。相较而言，官方信息似乎比专业人士更不容置疑。例20是2021年的一则谣言，造谣者却引用了2007年发布的规定，为不熟悉国家政策的受众提供了一个看似确凿无疑的官方信源，增强了事件的真实性。随后，造谣者又接连运用四个"为"实现关系过程，详尽"科普"了大米中防腐剂与添加剂的构造及对应功能，迅速引发受众对此类大米的消极评价与排斥，而诱导受众忽视文本中时间的冲突。可见，造谣者在普及生物知识时，通过喻德策略补充权威信源、诉诸喻理策略简化概念复杂性，并利用科普过程特有的"构建主义"语义内涵巩固自身"伪"生物知识科普者身份（蒋婷、杨银花，2019）。尽管文本中相关生物知识是否具有可靠性与真实性，能够通过文本的蛛丝马迹寻获，但受众往往会被造谣者表面的信息渠道所误导而丧失辨别能力。且从表面上看，造谣者在此过程中维护的身份利益被粉饰为人类自身的生存利益。无论是借由宣扬仙人掌的防辐射功效以鼓励受众养育仙人掌,还是提醒受众超市大米有害,都打着人文关怀的旗号。然而,进一步解读可发现,造谣者关心的仍然是社会层面自身与受众的连接,完全不涉及环境责任的归属与环保动员。他们只是以看似亲切的方式与受众建立联系,创造普适、充实的知识环境,拉近科学与日常的距离,实际却在利用"知识下沉"的方式将自己塑造成科普"意见领袖"(宫贺等,2022),企图为自己创造更多的流量与关注度,提高自身的话语权与影响力。

(2)"伪"生物爱护者身份构建的话语路径与驱动要素

对生物的关心与爱护是生态人与生态公民的责任与义务(李波、于水,2018)。然而,对事实依据的把握不足易造成对生态事件的误解。且造谣者也擅长利用情绪诱导方式,首先建构自身"伪"生物爱护者的形象,故意诱使网民发言,掀起网络舆论,消费民众的善良与爱心。具体可见以下两例。

例21 西安秦岭野生动物园有一只大熊猫瘦到骨头都清晰可见!(原博中配有瘦骨嶙峋的熊猫图片)

例22 2018年10月10日中午12时许,北京市海淀区动物园象馆管理员发现园区丢失了一头2吨重的成年雄象,现已向全市各区县及乡镇部门发出寻象通告,亚洲象为国家一级保护动物,皮肉质发柴,不好吃,不耐吃,希望有关涉事人员及时醒悟……

例21的谣言是网友在微博上发布的一条动态,文字部分通过消极存在性、物质性与关系性语义配置表达了对该熊猫的深切担忧。具体而言,该小句可以拆成三个部分进行分析。首先,发布者通过中性、客观的存在过程,并配图以表明事件并非自己捏造,西安秦岭野生动物园也确有大熊猫的存在与展出资格。而后,作为国宝级动物的"大熊猫"与"瘦到"这一动作性过程形成了反差;且最后部分的"骨头"作为主体载体,与"清晰可见"这一客体属性通过消极关系性语义获得了十分矛盾的接洽,更是强化了大熊猫的异常状态。这些要素结合在一起,虽然并未直接表达出发布者对西安秦岭野生动物园的不满,但已足以诱发受众的消极情绪,诸如"国宝就这样的待遇?"等对园方的指责在互联网上不断发酵。同理,例22也运用喻情策略吸引网民的关注。在例22中,发布者一方面披着"官方"的伪装,利用"发现""丢失""发出"等一连串中性与消极的动作性语义配置佐证丢象事件的真实性以及对雄象的关注;另一方面配合积极与消极的关系性语义为亚洲象定性,强调亚洲象重要性的同时,又搞怪式地暗示有人品尝过亚洲象,在冲突中提升网民讨论度,以期获得更多关注度与流量。

通过以上两例可见,造谣者对生物的爱护多为障眼法。从浅层来看,造谣者站在非人类利益的高度,隐秘地指出人类对野生动物的残害,以及动物园对动物的监管不力,确实有益于社会对动物保护的重视。然而,从深层来看,造谣者实则在喻情策略的渲染下将未经考证的事实当作证据,滤掉了科学的探索精神以及探索过程本身,甚至利用各种夸张和激情的手法助推信息的传播以追求轰动(李永平,2009),并通过激发广泛讨论提高其身份影响力,这仍然是追求社会层面关系利益的表现。且更为有害的是,造谣者时常采用的"过度娱乐化"的方式会潜移默化地弱化严肃环保命题的重要性(张剑光,2022),消解民众的生态环保意识,阻碍生态环保进程,并最终影响生态身份本应追求的生态价值利益。

(3)"伪"生态焦虑劝慰者身份构建的话语路径与驱动要素

生态焦虑是一个泛指气候危机、环境污染、环境灾害、物种灭绝、生物多样性退化、生态系统退化等影响所引起的焦虑心理（Wang et al.，2023）。近年来持续的环境保护宣传使生态焦虑成为一种新常态，也为造谣者们的反向宣传、吸引眼球提供了可乘之机。

例23 听说北极已经热到要让北极熊灭绝了？科学家的结论是从截至2018年7月的数据预测来看，总体来说，北极熊的"熊口"在2018年展望为"稳定到上涨"。

例24 有消息说，蝗虫又要来了。不少人担心，这可咋整啊？我就笑，太杞人忧天了，怕什么，这玩意算啥？俗话说得好，豺狼来了，迎接它的有猎枪，若是蝗虫来了，迎接它的有油锅。……郑重地奉劝蝗虫君，想在我大中华兴风作浪，不容易。

例23与例24实现了造谣者"伪"生态焦虑劝慰者形象的合法化。其中，例23通过喻情策略与喻德策略的配合，缓解了受众对北极熊现状的担忧。具体而言，例24首先利用疑问句勾起读者的好奇心，又用"听说"这一动作性过程暗示消息似乎并不可靠，由此引出后文来自"科学家"的"可靠"信息。这种问答模式是一种模拟讨论形式，本应具有一定的开放性并建立问答者之间的平等基础（Machin & Liu，2023）。但此处的疑问却已经预设了答案，并且暗含了造谣者的嘲讽与质疑，通过后文中性的交互性语义配置以及话语中透露出的积极心理性、物质性语义，直接界定了北极熊良好的生存状况以及北极欣欣向荣之势。尽管文中并未透露这位或者这些科学家来自哪里，也未透露所预测数据的真实来源，但是一问一答的形式让受众自然地掉入造谣者为民众答疑解惑的陷阱。

相较而言，例24采用喻情策略的堆叠，不断利用"豪言壮志"诱发受众的积极情绪，甚至试图激发国人的爱国热情，则更具迷惑性。具体来看，例24为了交代背景，利用中性的交互性语义配置以及消极动作性语义配置交代蝗虫灾害又将卷土重来这一事实。随后，用消极心理性语义配置呈现民众的生态焦虑情绪，试图引起受众情感共鸣。之后的文字通过"笑""杞人忧天""怕什么"等行为性及心理性语义表达对焦虑情感的不屑。又引用俗语，接用"来了"与"迎接"两对中性与积极物质性语义配置，表现出对蝗虫可作为美食的期待，解释了前文的"不屑"。最后，造谣者搬出了自己的国籍身份，利用与广大中国网友的身份联盟把网友拉入自己的阵营，并通过"奉劝"这一消极交互性语义模式，带领网友向蝗虫喊话，激发受众面对生态危机的临危不惧与激昂之情。不过，文本中俗语的类比以及大胆的喊话都是造谣者的一厢情愿，受众无法从文字中了解到蝗灾的真实情况，仅仅是因为情绪的蛊惑而暂时成为造谣者的同盟。

从生态身份构建的驱动要素来看，造谣者对受众生态焦虑的劝慰是以牺牲生存利益与价值利益为代价的，是对社会利益的追捧。例23中渲染的北极形势只是乐观主义者的一种积极推断，并非真实的北极情形。且即使北极熊数量真如预测一样呈现出上升态势，也不代表北极的环境状况转好，更不等于北极变暖对北极熊毫无影响。但造谣者"蹭"社会热点，从人类关心的生态问题着手，企图误导大众对北极的想象，扭曲了环保主义者希望引导的正确方向，对生态发展具有严重的不良影响（唐丽君、张武桥，2020）。此外，例 24 中表达的"吃货治蝗"的凛然大义，也会损害人类与非人类的生存利益，并模糊蝗灾事件的真实内涵。在文本中，造谣者的情感抒发表现出"众人皆醉我独醒"的自我意识，传达着一种"人定胜蝗"的价值理念。然而，先不提蝗灾时期蝗虫是否可以食用，蝗灾本身就是一个重大的自然灾害，是干旱、全球变暖等一系列生态问题所导致的。造谣者非但不引导受众反思蝗灾的诱因，反而一味提出非科学的解决之道，消解民众的危机意识，会进一步加剧生态危机的频发。由此，尽管造谣者的身份能够在特定环境下成功建构并获得一定影响力，但随着全体人类利益以及生物圈利益的损害，或将其反噬。

（六）**结论**

本书聚焦中国网络媒体中出现的生物谣言语篇，解析话语背后造谣者建构的"伪"生态身份以及建构过程中的话语表征与策略选择，并探讨其在不同语境下的驱动要素及生态属性。研究发现如下：

在谣言文本中，造谣者诉诸评价性语义配置实现逻辑推理、情绪诱导以及人格说服。具体表现为通过动作性评价语义并辅以少量存在性评价语义实现事件始末的再现，又以关系性评价语义进行事实界定或以心理性评价语义展露心理世界，随后加上交流性评价语义投射他人观点来为自己站台。

这些评价语义模式实现了喻理策略的"事实"呈现、喻情策略的"需求"满足以及喻德策略的"权威"塑造，由此建构了造谣者的"伪"生物知识科普者、"伪"生物爱护者以及"伪"生态焦虑劝慰者身份。其中，喻理策略居多，在伪生态身份建构过程中提供了论证通道，帮助造谣者维护身份的逻辑性与合理性；

喻情策略也被频繁使用，贡献了情感支持与情绪价值，协助造谣者提升身份的号召力与影响力；喻德策略为轻，主要为谣言供应科学信源，辅助造谣者稳固身份的权威性。

造谣者的"伪"生态身份通过话语路径与策略选择得以合法化，也在此过程中体现了造谣者在不同环境下的身份站位与利益追逐。具体来看，造谣者在建构"伪"生物知识科普者、"伪"生物爱护者以及"伪"生态焦虑劝慰者身份的过程中，虽也表达了对动物、植物、生物多样性以及生态圈的关切，但在文字背后所暴露的社会环境影响下的利己价值与人类中心主义出卖了他们。造谣者自我意识的膨胀以及利己视角下对关系利益、经济回报的追求，不仅无法起到科普知识、动员环保的目的，反而助长社会舆论负面走向，影响网络生态乃至社会生态的和谐。

综上，我们通过"网络生物造谣者'伪'生态身份建构的分析框架"，对中国网络生物造谣者生态身份建构过程中的话语路径与驱动要素进行深度剖析，解构了网络生物谣言的生成机制，探讨了造谣者的"伪"生态身份及其不良生态影响，且对谣言文本的话语分析也能在一定程度上提升受众对信息真伪判断的警觉，唤起民众的环保意识与生态认知，更能帮助辟谣者厘清造谣者的深层目的，从而助其通过更科学、更动情、更权威的信息发布以驳斥未经证实的生物谣言信息，进行与造谣者的生态身份竞争，并向社会传递可持续的生态价值导向。

二 人民调解话语的人际和谐生态观研究

本书选取重庆市璧山区消费者权益保护协会"专家维权团"调解模式下的真实人民调解实践，整合态度系统、关系管理理论以及和谐话语分析原则，探讨璧山模式下人民调解员话语中态度资源实现的关系管理和人际和谐内涵。研究发现，人民调解员话语中的态度资源和关系管理策略各具特色又相互关联。人民调解员多调用鉴赏与判断资源实现面子管理，能够规范双方当事人的行为、维护其脸面以避免冲突，体现和谐话语分析中的制约原则；鉴赏与判断资源实现的交际目标管理能有效化解纠纷、修复秩序，实现双方合意，是良知原则和制约原则的体现。情感与判断资源实现的社交权利与义务管理，在平等自愿的基础上设身处地地共情，邀请双方共同参与协商，体现出明显的亲近原则的价值取向。本书旨在探讨纠纷与冲突中人际间和谐关系构建的新路径，以期推动中国特色的人民调解制度的完善。

（一）引言

随着我国社会主要矛盾的转变，基层社会利益关系不断调整，人际间的纠纷与冲突日益凸显（陆益龙，2018）。为及时有效地将矛盾纠纷化解在基层，人民调解在当下我国社会纠纷治理体系改革中正重获重视与发展。人民调解是指人民调解员通过说服、疏导等方法，促使当事人在平等协商基础上自愿达成调解协议，解决民间纠纷的活动。作为一项具有中国特色的非诉讼解决方式（孔庆华，1987），人民调解制度的运行和展开遵循法律法规的基本准则，借助其自身灵活、便捷、高效的程序规范优势，在"尚和"的价值追求引导下化解纠纷，稳定社会的和谐秩序（吴元元，2021）。

为提升人民调解效能，助力构建和谐人际关系，重庆市璧山区消费者权益保护委员会近年来大力推行兼具行业性和专业性的人民调解员智囊库建设，开创了具有新时代基层社会治理特色的人民调解新模式——"专家维权团"调解模式（以下简称"璧山模式"），特聘来自社会各领域的专家，组建政法、行政、法务、行业协会专家调解队伍，有效整合社会力量，推动消费纠纷在源头化解。专家团队发挥各自的专业特长和优势，参与重大、疑难复杂和专业性、技术性较强的矛盾纠纷调处或者提供专业的处理意见，出具调解意见建议，为处理矛盾纠纷提供智力支持。璧山消协工作人员以及专家组成的人民调解员团队运用得体的语言、精湛的调解技巧，主动积极地介入双方当事人的讨论当中，梳理所涉纷争的来龙去脉，展开说理过程，化解纠纷，妥善地协调融洽各方关系。

在"璧山模式"调解过程中，人民调解员团队是调解实践的主导者，他们调用各种语言资源，缓和当事人之间的冲突，构建和谐的人际关系。换言之，人民调解团话语的主要功能就是化干戈为玉帛，定分止争。目前国内对调解话语的语言学研究主要集中在司法调解话语（Yuan，2019；柯贤兵、谢睿妍，2022），而对人民调解话语的探讨屈指可数。其中，现有的研究多选取公开的电视调解节目为语料，在语用学视角下分析人民调解员的话语策略在纠纷解决中实现的语用效果（钱立新、王江汉，2018）；或是探讨调解员话语中语境元话语如何管理矛盾双方间的人际关系（王晓婧，2020）。但碍于采集真实语料的难度，此类研究难以基于真实的语言运用情景分析人民调解话语。目前，有学者意识到优选语料的重要性，在真实的调解运行中考察人民调解的权势、身份的构建等。邓一恒（2015）从话语分析出发，说明在社区调解中，人民调解员如何取得冲突双方的认可进而获得权力。也有研究从矛盾双方理解和评价的角度，聚焦警察作为调解员在调解过程临时建构的身份的有效性（冯文敬，2020）。但此类研究缺乏系统的语言学理论支撑以及可操作的话语分析框架。从研究路径来看，上述学术研究仅对人民调解员话语进行表层描述，未深入语境层探究其对于化解冲突、共建和谐的影响，且对话语中体现的中国特色社会文化因素也鲜有涉足。

在"璧山模式"的人民调解实践中，人民调解团使用评价性语言资源维持和建构人际间和谐的关系（Martin & White，2005）。和谐关系取向的选择表现在人民调解团在调解语境中对言语行为、话语方式等的实际选择，因此，语用学理论中的关系管理模式（Spencer-Oatey，2008）在话语选择、行为参与、语体使用等范畴提供了极具操作性的分析框架（冉永平，2012）。"和谐"作为人民调解的价值目标与追求，厚植于中国的传统文化与历史背景。所以，基于中国的"天人合一""和谐"等哲学观的和谐话语分析（黄国文，2017），也为探究人民调解团话语背后的和谐价值取向提供了分析理据。鉴于此，本书以"璧山模式"下的调解为案例，整合评价理论下的态度系统、人际关系管理理论及和谐话语分析原则，构建态度系统视域下人民调解团话语中的人际和谐分析框架，拟回答以下三个问题：

（1）人民调解员话语中态度资源的使用具有什么特征？

（2）人民调解员话语中的态度资源实现了怎样的人际和谐关系管理？

（3）人民调解员话语所实现的人际关系管理体现了什么样的和谐价值取向？

（二）理论框架

语言是一个富含意义潜势的社会符号系统，由语境层、语义层、词汇语法层、音位层和语音层构成，相邻层次间通过实现化、实例化相互联系（Halliday，1978）。词汇选择建构意义选择，语义的选择实现语境的选择（Hasan，2009）。因此，探究人民调解员的话语如何在互动中化解矛盾双方的纠纷，构建和谐人际关系，既要考虑语境建构的制约，又要重视调解员对语言资源的选择（王振华、田华静，2017）。换言之，我们在对人民调解员的话语进行描述性阐释的同时，也要结合社会文化语境对其中体现的和谐价值观进行充分的剖析。

就语言形式和意义而言，在璧山调解模式中，消协工作人员以及专家们组成的人民调解团选择各类评价资源构建人际间的和谐关系。故探究人民调解团的话语对于矛盾双方人际和谐关系构建，态度系统在词汇语法的层面为其提供了有效途径（Martin & White，2005）。态度系统表示言者对自己和他人、情感和事物的态度、立场和价值评判，其下又分情感、判断、鉴赏三个子系统。在态度系统中，情感是核心，判断和鉴赏是以此为基础的具体体现（王振华、马玉蕾，2007）。在"璧山模式"调解实践的话语中，情感资源涉及调解员对于解决事件所持的正面或负面的感情，判断涉及调解员对当事人行为的态度，鉴赏涉及他对案件事实、过程或者其他现象的主观评价。

人民调解员在调解中调用的态度资源产生于特定的语境，又受到此语境的制约（朱永生、徐玉臣，2005）。在构建和谐人际关系的调解目的驱动下，人民调解员对态度资源做出选择，在面子敏感、社交权利及义务，以及互动目标三个维度上（Spencer-Oatey，2008）评价当事人的个人素质或身份价值，关注公平、体谅和行为的得体性以及表达对纠纷得到解决的期盼，以追求调解中"和谐"的价值目标。人民调解中"和谐"的价值追求深深根植于中国传统文化"天人合一"中天、地、人、万物和谐的世界观（秦国荣，2004）。在此哲学观的指导下，中国语境的和谐话语分析应运而生，深度探究人与人之间、人与其他物种之间、人与自然之间以及语言与生态之间的和谐关系。它从"以人为本"出发，提出三条分析原则：良知原则、亲近原则和制约原则，与人的思想和行为密切联系（赵蕊华、黄国文，2021）。人民调解所倡导的和谐价值表现为：（1）良知原则唤起潜藏于当事人内心深处对纠纷事实的价值判断，引导当事人的认知、情感和行为；（2）亲近原则通过视角转换情感趋同等策略为手段，拉近双方当事人心理距离，提升人际关系；（3）制约原则将当事人的行为规范化，引导并鼓励正确的行为，规避或惩罚错误的行为（赵蕊华、黄国文，2021）。

鉴于此，本书将基于和谐话语分析的原则，整合态度资源和人际关系管理策略，构建适用于"璧山模式"下人民调解的理论框架（见图3-8）。

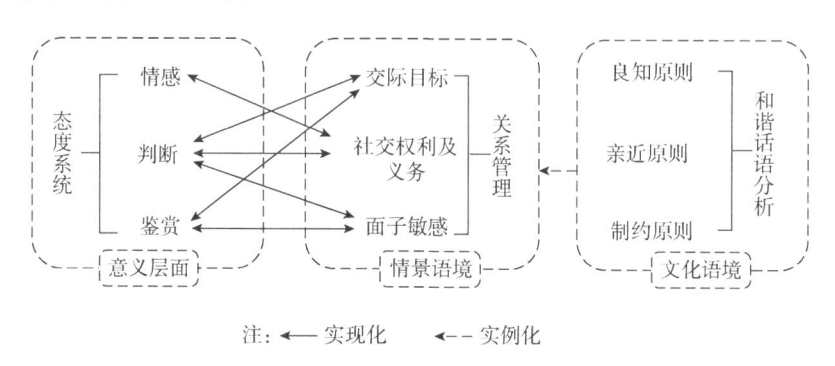

图3-8 态度系统视域下人民调解员话语中的人际和谐分析框架

从图3-8可知，人民调解员话语中的态度意义和其发生的语境相互作用及影响。具体而言，在意义与情景语境的互动中，（1）人民调解员对于互动目标的管理是其针对矛盾的症结，通过合理的疏导、耐心的说服，弄清事实、摆明道理，使矛盾双方互谅互让，达成一致协议，促成矛盾纠纷得到合理解决，这与鉴赏、判断资源的评价较为符合。（2）对社交权利及义务的管理是指当事人在调解的过程中被预期和规定的言语规范和基本规则,即调解中双方当事人享有平等的地位,权利行使平等,义务履行平等,充分发表自己的观点,主张自己的权利,这与态度系统中的判断资源不谋而合;其中交往权既主张尊重和参与,又强调交际中情感的适度分享,这无疑与情感系统相契合。(3) 对于矛盾双方面子的管理,体现在对当事人在纠纷中行为所表现的能力、品行等的个人素质方面,以及当事人所承担的社会角色及其实现的社会价值的评价,与态度系统中的判断以及鉴赏资源相契合。情景语境是文化语境的具体实例,文化语境是情景语境的抽象系统(朱永生,2005)。人民调解员通过态度资源实现共建矛盾双方当事人间的和谐关系,是通过话语和谐实现人际和谐的具体实践方式,是调解对于和谐价值观重视的具体体现。从和谐话语分析的角度,在良知原则、亲近原则、制约原则的指导下对人民调解团话语进行多维度、多层次的分析,剖析其话语中的和谐取向。

(三) 研究方法

本书采用定量研究和定性研究相结合的方法。首先,笔者旁听并采集了 5 场璧山模式调解的成功案例,录音并转写成文本,构建库容为 45318 个字的消协调解语料库。其次,采用 MS Word 宏功能编写赋码依据,对消协工作人员及专家的话语中态度资源进行人工赋码,并利用 AntConc 语料库检索软件,初步采集态度资源赋码数据。随后对态度资源赋码数据根据关系管理的不同维度进行归类。为保证数据收集的科学性和客观性,语料标注采用两人分别赋码的方式,时间间隔为两周。最后,运用 R Studio 软件对相关定类数据进行卡方检验,判断态度资源以及关系管理之间是否呈现显著性关联,并结合和谐话语分析原则,深入探究其话语体现的和谐内涵。

(四) 结果与讨论

1. 人民调解员话语中态度资源及关系管理策略的总体分布

基于对语料的分析和统计，璧山人民调解员话语中态度资源及关系管理策略的总体分布统计数据如图3-9所示。

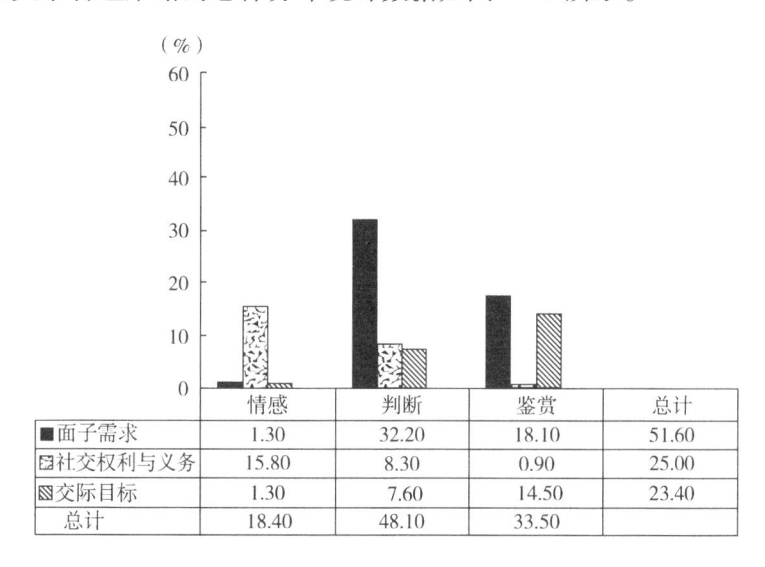

	情感	判断	鉴赏	总计
面子需求	1.30	32.20	18.10	51.60
社交权利与义务	15.80	8.30	0.90	25.00
交际目标	1.30	7.60	14.50	23.40
总计	18.40	48.10	33.50	

图3-9 人民调解员态度资源使用及其实现的关系管理策略的分布情况

璧山人民调解员话语中的态度资源分布为：判断（48.10%）＞鉴赏（33.50%）＞情感（18.40%）；关系管理策略分布为：面子管理占主体（51.60%），社交权利与义务管理次之（25.00%），交际目标管理略少（23.40%）。二者的关系具体表现为：

（1）璧山人民调解员倾向于使用判断资源，从社会公德、法律规范等层面来评判当事人在矛盾纠纷中的品质行为（面子需求）（32.20%），或寻求各方利益的平衡（社交权利与义务）（8.30%），以及为解决纠纷而采取的行动（交际目标）（7.60%）。其中，对当事人品行能力的判断多表现为说明当事人个人或在某一特定职业和身份下的行为为法律法规指向性行为；"平等""公平公正"等判断资源意在维护双方交往中的权益以及规范其行为；多用一致式人称指示语引导评判双方解决问题的做法,意在确立自己站在公正的立场,达到说理效果。

(2) 人民调解员调用鉴赏资源,评判纠纷中当事人举证的事实行为、观点和当事人的形象特点(面子需求)(18.10%),以及表达他们对于双方达成调解目标的期望(交际目标)(14.50%)。其中,积极鉴赏资源多用于维护矛盾双方的角色身份形象、表达调解员以及专家对于双方达成和解目标的愿望和建议;而消极鉴赏资源多用于推断对听话方的素质特征,以及描述未达成交际目标所造成的后果。

(3) 人民调解员慎用情感资源(18.40%),以保持其中立、客观的第三方身份。其话语中情感资源多用于描述双方当事人的情感,让冲突双方换位体会对方的心情,实现矛盾方情感上的互谅(社交权利与义务)(15.80%);而追溯至消协工作人员或专家本人的情感资源较为少见,他们适当表达自己的情感,更容易让听话人产生情感认同,从而接受自己的观点。

2. 人民调解员话语中态度资源实现的关系管理

(1) 鉴赏与判断资源实现的面子管理,能够约束行为、维护脸面以缓和矛盾

璧山人民调解员话语中的鉴赏以及判断资源,用以审视纠纷中双方的行为能力以及法律意识等,在道德约束以及法律法规层面评价双方个人素质面子以及社交身份面子。人民调解员团队大体上倾向于关照和维护矛盾双方面子,暗示双方在解决问题的过程中更让一步,才能顺利解决纠纷,构建和谐人际关系。

例25 消协工作人员:店铺你可以关门可以倒闭,这是经营问题。但是相应该承担法律责任必须承担。(判断+)

被（被申请人）：我该承担的我承担，我没有不承担……

申（申请人）：我想请问你，你提交我同意的证明，你提交……

消协工作人员：<u>这个概念没搞清楚。跟你说了，不管谁违约，这个钱，首先把钱，是哪个的所有搞清楚了。</u>（鉴赏 -）

被：我，我想再咨询一下，必须得是那个店、那个门面吗？

消协工作人员：对，你就是哪个店，是在哪个店办的会员。

听证专家1：<u>关键是你现在的店关了，没有开了，你没办法给人家做服务啊！</u>（判断 -）我就说一下啊，我自己呢在那个璧山经营那个美容……

被：没有。

听证专家1：嗯，<u>当然了，就是每一个行业它有一些行规，至少我们要，呃，不能无视法律的。</u>（判断 -）

例25中，消协工作人员调用判断资源"店铺可以关门，但是应该承担的法律责任必须承担"，表明双方的身份为经营者和消费者。"可以关门可以倒闭"给当事人留下了一定的心理预期，即其行为能够得到认可与支持。随后介入资源"但是"，以反预期说理的方式引出对经营者身份下的行为在法律层面正面约束评价，示意当事人需要承担责任，总体上维护了遵纪守法的经营者形象。在当事人双方合理辩解后，消协工作人员直接通过消极鉴赏指出产生纠纷的根本原因："这个概念没搞清楚"，避免直接、明显地指出哪一方是错的，但清楚地通过负面的价值判断暗示了这一行为已构成了对他人的冒犯。消协工作人员多以法治的威严作为基础和前提，通过不损害形象的话语评价暗示被申请人应为整个纠纷事件的过错承担者，从而控制调解话语的进程，也进一步凸显其在调解过程中的高权势,以及在调解程序中定分止争的公共信任与公共权威。接着,听证专家作为调解员队伍的"智囊团",从行业专业的角度替当事人分析其目前无服务能力的现状"你没办法给人家做服务啊",在对行商会介绍并了解到被申请商家并未加入行商会后,"当然了"再度开启新话轮,借助社会普遍认同的行业标准,"每一个行业它有一些行规"限制当事人的行为。紧随其后的让步"至少"引出其要求的最低底线"不能无视法律",同时又采取包揽所指"我们"凭借较强的亲和力委婉地提出守法要求,自然表现了商家身份面子的关照和维护,缓和之前调解员强势评判的气氛,更增强了人际接纳的效果。

璧山人民调解员能够从社会规约到法律法规层面上全面地评判以及规范双方当事人的品行、能力等素质面子,在规避或惩罚错误的行为,引导并鼓励正确的行为的过程中,达成彼此间关系的和谐、利益的平衡,实现互谅互让、人际融洽、社会和谐,遵循了和谐话语分析中的"制约原则"(赵蕊华、黄国文,2021)。制约原则从不同层面对人的行为进行限定,强调人对自身、他人、社会的责任(赵蕊华、黄国文,2021)。调解在传统儒家"天人合一"构建和谐的大同社会的背景下产生,并一直以来受到儒家"无讼"法律文化取向的影响(曾琦云、林小燕,2005)。纠纷双方不愿对簿公堂,剑拔弩张,因为这涉及中国人的脸面问题。一直以来,中国人的脸面就是与习惯常识、道德甚至法律联系在一起的,人们遵循"脸面"的逻辑达至人情秩序的和谐状态(曹刚,2015)。但在现代社会,中国调解制度及其法律化进程也已然发生(曾令健,2009)。璧山调解模式既能够尊重传统的延续和历史的惯性,立足传统,通过不伤面子的方式使冲突主体达成合意,从而构建和谐的人际关系;又强调了法律的边界,借助政策、法律法规等法治力量，不仅使消费者真正从法理角度理清各类侵权行为的法律责任，也从专业维权的角度揭露了社会上一些侵害消费者合法权益的违法行为，警醒制约当事人，获得各方满意的效果。

（2）情感与判断资源实现的社交权利与义务管理，既保证平等自愿，又能设身处地、共同参与

为了尽力达成调解和促进人际融洽，璧山人民调解员不仅要以理、以法服人，也要以情感人，真正站在当事人的角度思考问题。从语料可见，话语中情感来源既可追溯至调解员团队，也可来源于双方当事人，而且情感多由纠纷事件或当事人的行径触发，多出现于达成调解方案以及协议阶段。调解员及听证专家充分考虑到双方的意愿和情绪，邀请双方当事人共同探讨调解方案，并辅之以专业意见和建议，从而拉近双方的心理距离，解开当事人之间的心结，使其逐渐从对立走向相互理解。

例26　消协工作人员：嗯，<u>从法律关系上讲你们是平等的，你的诉求符合法规，我们同样支持你</u>。（判断＋）

申：我想问哈，因为那个后续收钱收不到，最后收滞纳金也收不到，那我怎么办？

消协工作人员：同样，来找我们就是了，<u>我们该起诉起诉，该打到黑名单里面，打黑名单嗯</u>。（判断＋）现在法治体系建设。

被：我现在在黑名单里了吗？我想了解一下……

消协工作人员：这应该是叫经营异常，还没有加黑名单。

听证专家1：他这样嗯，他今后如果是走到法律程序那块了，他就会，<u>他也不愿意走到那一步是不是嘛</u>，（情感－）

拉入黑名单噻。

　　消协工作人员：所以说刚才王×，我也跟你说了。<u>现在我考虑到你那个困难</u>。因为我现在接到的是两个个案，是针对两个个案在谈这个事情。

　　例 26 中，人民调解员的话语具有一定的限定性和规约性。由于在调解过程中，有调解法以"自上而下"制约的方式影响调解互动的内容、形式和进程，正式和强制性突出，要求人民调解员在协商过程中履行一定的权利和义务（董平荣，2012）。社会约束资源"从法律关系上讲你们是平等的"强调调解过程法律规定的当事人所拥有的权利以及双方的平等地位，增强了双方当事人的心理安全感；消协工作人员话语中"我们"这一指称代指监管局机构，即代表了权威和法律，在判断纠纷事实等方面具有较强的话语权；听证专家的情感类的评价归属于双方当事人，在得知被申请方商家有被拉入黑名单的风险时，"他也不愿意走到那一步是不是嘛"照顾当事人的心理反应，保证了交际双方的交往权以及平等权。级差资源中的聚焦"也"起到了柔化的功能，缓和了整体的对话基调；人民调解员承接了听证专家的委婉，以第一人称自我指称引出心理过程小句"我考虑到你那个困难"缓和情感评价，同时将关注点和视角转向当事人，显示其脱离机构的独立性的考量，让当事人找到认同感，保证了当事人的交往权和平等权，拉近了双方心理距离。调解员团队使用一连串的判断以及情感评价手段，抓住双方希望尽快解决问题的心情，同时利用自己在当事人心目中的权威和亲和力，不仅引导当事人权衡利害关系，也为调解方案达成奠定了情感基础，体现调解员的人性化关怀，更容易促使双方达成和谐。

璧山人民调解员话语中的判断类别评价尊重双方当事人平等表达不同的意见，保证了交际双方的平等权；情感类评价对双方当事人调解成功也起到积极的情感诉求作用，顺应了双方内心中不同的情感诉求，通过情感趋同拉近双方的心理距离，使双方也能够认同调解员表达的情感态度，保证了双方的交往权；这遵循了和谐话语分析中的"亲近原则"（赵蕊华、黄国文，2021）。人民调解的过程是基于纠纷相对方的合意和接受而展开，是纠纷各方自由衡量相关利益后寻求合意之过程的产物（曾令健，2009）。当事人各方在寻求个体合意的博弈与妥协，是对他们作为平等主体的相互承认和价值确证（杨素云，2013）；调解员寻求纠纷各方合意性，不仅诉诸道理，诉诸法律，也诉诸人情。现代社会的不断转型部分改变着中国根植于乡土社会的熟人社会结构，不断增加的流动频率所带来的彼此关系的陌生，强调契约、合规、法律的同时却渐失天理人情对心灵秩序的柔性抚慰和亲近（汪习根、王康敏，2012）。中国人讲求天人合一，就是指顺乎天理适应人情，是人的情面、感情、天经地义、风俗习惯的民情（徐成徽，2008）。璧山人民调解员作为象征机构身份及权威出席，依据其特定的法律知识，以法眼观察人情事理，在协调"情、理、法"的统一中考虑合理之情；来自璧山当地各行各业的权威专家团队又能针对消费纠纷中较为专业和复杂的争议焦点妥善处理各种专业领域投诉，充分考虑以及尊重双方当事人的情绪以及意见，将心比心，以情动人，拉近心理距离和亲疏关系，体现人文关怀。这对于化解矛盾和定分止争，具有积极意义。

（3）鉴赏与判断资源实现的交际目标管理，能够化解纠纷、修复秩序以实现双方合意

璧山人民调解员基于稳定和谐秩序的价值目标，大体上是提

升关系和维持关系的和谐取向，希望双方通过沟通和协商尽快解决问题，才能促进和谐、最大限度地保证双方的利益。调解过程中，鉴赏与判断资源所实现的交际目标的管理主要包括：1）通过判断资源描述为解决纠纷而采取的行动；2）通过积极鉴赏表达调解员以及专家对于双方和解的愿望和建议；消极鉴赏资源描述未达成交际目标所造成的后果（双方当事人的利益损失）。

例27　申：这个可以跟他们沟通嘛，我们也从来没做过啥子过激嘞行为，说实话。

消协工作人员：你们双方处理得好的话，<u>你们可以把这里的事情处理得很圆满</u>。（鉴赏＋）

被：如果说现在100个客人都过来找我退款，我只能是一句话，退不了，没有，我没有钱。

消协工作人员：王老师，<u>纠正一下，不是说那个钱，不是说你说一句"我没得钱"，所有事情解决了</u>。（判断－）

听证专家：那个……我个人建议……<u>我现在说我的个人建议，他们这种事情就是越处理得快越好</u>（鉴赏＋）。为啥子？因为就跟你前面那个是一样嘞，那种群体性事情呢，到时候那个不管，不管你有没有钱的问题。可能说你那种，<u>没钱的那种态度来说那种话的话，可能到时候会出现更大嘞问题</u>。（鉴赏－）

例27中，消协工作人员作为机构的代表，其话语中带有极强的目的性。正面鉴赏资源"你们可以把这里的事情处理得很圆满"表达了对于双方能够顺利进行协商过程以及结果的期盼，传递出积极的态度，保留了商讨余地。一致式人称指示语"你们"

辅助消协工作人员划清身份界限，确立自己在公正的立场上协助双方达成交际目标；判断资源"纠正一下，不是说你说一句我没得钱，所有事情解决了"指出被投诉方不采取行动解决纠纷触犯法律的可能。消协工作人员不仅维护了消费者的保护权益交际目标，兼顾了经营者在能力范围内进行赔偿，使其店铺的声誉免受影响，从而提升了双方之间的关系。接下来，听证专家也较为柔性化地表达其目的，以接纳资源"我的个人建议"引出自己的主观看法和期待的反应评价"他们这种事情就是处理得越快越好"；其中话语标记语"就是"起到背景信息前景化的功能（史金生、胡晓萍，2013），激活"迅速结案了事人合才能达到双赢"的背景信息进行说理。对于被申请方先前的强硬态度和逆反心理，听证专家运用消极鉴赏预测不作为的后果"没钱的那种态度来说那种话的话，可能到时候会出现更大嘞问题"。其中，低量值情态词"可能"以商量的口吻表达意愿，让当事人觉得其判断不强硬武断，起到了缓和气氛的作用。调解员以及听证专家为矛盾方提供反馈和推测，事实上是为了维护双方的整体的利益，提醒矛盾方采取补救行为，如履行诺言、承认责任、纠正错误等来补偿消费者的合法权益才能和平解决纠纷，维护了矛盾双方的交互目标。

璧山人民调解团调用鉴赏类以及判断类资源，对"处理""协商""谈""沟通""解决问题"等当事人的行为互动做出评价，维护"解决纠纷，修复秩序"的交际目标，这是和谐话语分析中"制约原则"和"良知原则"的体现（赵蕊华、黄国文，2021）。调解机制的有效运行，实质在于能够重新恢复秩序，产生社会整合；而秩序的恢复与维系，依靠的则是约束与指导人们社会行为的准则和法度（杨素云，2013）。而调解成功与否完全取决于当事人双方表现自由意志的合意。自由意志是通过良知的是非善恶的裁断落实在人们的身心和具体的行为实践中（李洪卫，2007）。但当事人由良知而生的"自由意志"具有一定的局限性和片面性，是以，调解通过预先规定的角色和不断的程序推进来限制当事方的意志变化（于浩，2020），以理性的是非判断和公正的利益平衡实现和谐的价值目标。因此，在处理这些专业性较强，或群体性投诉事件的时候，璧山消费者权益保护委员会能够发挥维权专家团队专业人士的作用，对重大维权舆情事件做出反应和评价，更好地提供消费维权的解决方案，不仅让消费者的权益得到更好的保护，也强化了行业内普法宣传和预防侵权意识，引导消费者和商家正确认识并了解行业基本情况，共同担当营造安心消费环境的社会责任。

（五）结论

本书选取重庆市璧山区人民调解团的调解案例，以和谐话语分析为视角，从人民调解员话语中的态度意义及其实现的人际关系管理分析路径，探究人民调解员话语中的人际意义，得到以下结论：

总体来看，人民调解员话语中态度评价多以判断为主，其次为鉴赏资源，情感资源最少。他们避免过多表达自己的主观性，多选用主观性较低的判断和鉴赏资源，评判当事人的行为以及平衡双方的利益；人民调解团对于情感资源的选择较为慎重，多为对当事人情感的描述，但也会巧妙借用少量的个人情感投入提出意见，加强当事人的心理和情感认同。

人民调解团通过态度资源所实现的人际关系管理策略以面子管理为主，侧重于对当事人行为的评价；社交权利与义务管理次之，交际目标的管理略少。面子管理主要由调解员对于当事人的行为、特点的鉴赏、判断评判实现；社交权利与义务管理由对调解中公平、体谅、行为得体性关注的情感和判断资源实现；交际目标管理通过对成功调解的期盼以及失败的后果的鉴赏、判断评价实现。

人民调解员团队话语中鉴赏与判断资源实现的面子管理，能够约束行为、维护脸面以避免冲突，体现了和谐话语分析中的制约原则；鉴赏与判断资源实现的交际目标管理，有效化解纠纷、修复秩序，实现双方合意，是良知原则和制约原则的体现；情感与判断资源实现的社交权利与义务管理，在平等自愿的基础上、设身处地地共情、共同参协商，体现出明显的亲近原则的价值取向。

综上，重庆市璧山区消委会"专家维权"特色模式下的人民调解话语中，态度资源所实现的关系管理策略推动调解的顺利进行，发挥人民调解定分止争的作用，同时也能更好地建构和谐人际关系。其话语中所彰显的实践理性态度、行之有效的关系维护策略、传统文化价值观和政法战略智慧结晶的折射，帮助人民调解员团队提升维权效能和解纷功能，并兼备宣传法律、预防纠纷发生和防止纠纷激化等功能，具有重要的学理意义和实践价值，值得传播、推广、交流。

综合来看，本章聚焦于语篇分析实践操作，汉英语篇类型丰富，体裁多样，包括新闻报道、图文广告类媒体话语；科普读物类文学话语；调解话语类法律语言，通过整合系统功能语言学理论中所包含的纯理功能和语境等方面的内容，将其融入话语的生态性分析实践中。与此同时，根据不同的语篇类型特点结合语用学、传播学等理论对话语的生态性及语言综合特征进行研究，揭示了语言与人类、社会及其他生物体之间所蕴含的生态关系，促进多层次、多角度、多学科理解和分析的话语的生态性研究。

第四章 总结与展望

第一节 研究总结

生态语言学是生态学与语言学相结合的新兴交叉学科,致力于从生态环境的角度探索语言与自然、社会环境之间的关系。作为研究主题,语言与生态的关系历史悠久,在 Humboldt、Sapir 以及 Firth 等人早期的语言学论著中都可找到相关的研究(黄国文,2016)。而作为一门学科,生态语言学尚处发展初期,相关的概念、定义、原则以及方法等内容仍存争议。现有国内外研究亦多从理论角度出发,尝试系统地构建生态语言学的学科体系、研究方法等内容。国内以何伟(2018)、黄国文(2018)等为代表的一批学者主张从系统功能语言学的角度出发,结合中国语境下的生态话语分析思路,构建具有可操作性的分析框架;国外学者如斯提比(Stibbe, 2015)、斯蒂芬森和菲尔(Steffensen & Fill, 2014)等人则强调从社会环境、认知结构的层面讨论语言的生态意义。这些研究为生态语言学这一新兴学科的构建与发展提供了丰富的理论支撑。值得注意的是,理论发展虽方兴未艾,但也离不开实践的检验。因此,在前人研究的基础上,结合具体实例,我们从自然生态学、社会生态学两个方面对生态语言学的跨学科实践应用进行了总结与拓展。

一 研究发现

本书主要基于生态学、系统功能语言学理论，结合当前时代特色，从理论创新和实践拓展两方面对生态语言学的发展、应用进行解构与整合。研究主要面向语言研究的三大主题：理论融合、语言教学、话语分析。内容涉及生态位与语言的关系及应用、生态学与课堂教学模式的构建、社会语境下的中外生态话语分析及其对比。生态学与语言学理论融合的核心在于突破学科之间的壁垒，寻找二者可通约的关键核心点。在此基础上，可结合具体语境，将细分后的生态学思想与语言学理论进行对应整合，加以应用，如课堂教学的生态模式，以及话语分析中的生态思想等。

语言生态位的核心要义在于语言与环境关系的细分以及可视化。过往语言学研究多关注语言本身的构建与识解，与之相比，相应的深层原因分析则较为薄弱，且缺乏系统的分析体系。鉴于此，我们将生态位理论中的环境因子思想引入话语分析实践中，根据不同的语言结构以及具体语境，与之相对应的环境因子分类也会随之调整。如在非环境类的广告话语对比研究中，我们根据媒介生态位的环境因子分类，将广告话语中的态度资源与自然因子、情感因子、社会因子以及认知因子一一对应。研究发现中美智能产品类广告话语的态度资源存在差异，这种差异主要受情感因子与社会因子的影响较深。根据这一思路，我们主要从情感发生以及社会文化两个方面对双方存在的语言差异进行了分析总结，系统地梳理了中美智能产品传播中生态思想差异存在的深层原因。在环境类话语分析中，我们选取了和自然环境密切结合的瓢虫、蜚蠊俗名中的隐性态度进行分析。鉴于隐性态度的特殊性，我们将生态位环境因子中的认知因子进行了归纳，将隐形态度的认知环境细分为隐喻、转喻以及隐转喻。研究发现，瓢虫、蜚蠊俗名所引发的态度资源均以鉴赏为主，而俗名的态度极性在认知机制与环境因子的互动中产生并呈现出多样性特征，其中瓢虫俗名以积极、中性为主，蜚蠊以消极、中性为主。究其生态内涵，两类昆虫在自然因子影响下的转喻式俗名表现出"生态中心主义"，社会、文化因子影响下的隐喻及隐转喻式俗名表现出"人类中心主义"。在这一部分内容中，生态位理论与系统功能语言学理论的结合为话语的生态性分析提供了角度与依据，同时也为生态学思想融入课堂教学实践提供了基础。

生态学与课堂的交汇点主要体现在两个方面：生态系统的教学隐喻模式以及课堂的生态观念教学。就生态系统的教学隐喻模式而言，在语言生态位的基础上，我们将给养理论引入至语言教学中。研究认为，教学模式也是隐喻的生态系统，其中的"给养机制"为我们诠释了课堂中各生态因子间多元互动的耦合关系。而教学模式中的师生、课堂环境等要素则与生态系统中的参与者及其生态环境相对应，有其各自的生态位。研究表明，给养理论视域下的生态课堂能够从各个角色出发，在遵循给养运作规律的基础上合理地调动学生学习的积极性。此外，研究还发现，给养理论视域下的生态教育主体给养效度呈倒"U"形结构，其给养效度因给养作用方式和强度的不同，呈现积极正态或消极负势的结果。因此，从能量转化的角度构建生态化课堂教学模式，是提高教学效率和学生学习积极性的有效路径之一。从课堂的生态观念教学来看，目前我国的环境教育还较为薄弱，主要原因在于各专业领域相关的环境意识和环境觉悟的缺乏。因此,研究基于生态语言学理论,以"专业英语教学"为切入点和出发点,讨论了生态语言学视域下的专门用途英语课堂教学及其应用模式构想。研究发现,环境理念的培养离不开生态语言的支撑,以绿色语法为基础的生态话语教学模式是树立良好生态观的根本。此外,还应从整体视角将"生态人(教师和学生)""生态域(自然和社会环境)"以及"生态话语(教师用语和教学文本)"纳入共同的生态圈综合考虑,发挥语言在环境中的最大价值。

课堂之外,本书还分析了英汉语篇话语的生态性。生态性是生态哲学观的重要内容,也是生态话语分析从实践案例上升至生态理念的重要价值判断标准。在此基础上,我们对不同语篇和语境中的生态哲学观念进行了分析。在英语语篇的话语分析中,本书以人工智能(AI)科普语篇为语料,以系统功能语言学中的及物性理论为切入视角,结合语篇中的各个环境要素对其中的生态性进行了分析。结果表明,人工智能科普语篇所传达的生态观呈现不确定性,主要包括生态模糊型和生态有益型两种类型。究其原因,我们发现人工智能语篇写作者更倾向于将人工智能技术视为一种趋近自然、尽力维持生态平衡的科技而非远自然的反生态科技。

此外,本书还从舆论生态视角进一步扩大了语料覆盖范围,对中国生物谣言中造谣者的"伪"生态身份构建进行探究。研究发现,生物谣言制造者擅长利用评价性语义配置实现逻辑推理、情绪诱导以及人格说服,这些评价语义模式进一步通过喻理策略、喻情策略以及喻德策略构建了造谣者的"伪"生物知识科普者,"伪"生物爱护者以及"伪"生态焦虑劝慰者身份破坏了舆论生态以及社会生态的稳定与和谐。

为更进一步探究"和谐"生态思想在中国语境中的表现以及应用,我们从人民调解话语入手,深入讨论了纠纷与冲突中人际间和谐关系构建的新路径。本书以消协现场调解话语为语料,分析了话语中态度资源的分布以及使用。通过对话语的态度资源进行分析,我们发现中国语境下的生态观更注重"面子"在人际和谐关系中的应用。就调解话语而言,从面子角度出发研究人际和谐关系,有助于调解员及专家提升维权效能,在解纷功能之外,兼备宣传法律、预防纠纷发生和防止纠纷激化等功能。

总体而言,生态哲学观丰富而多样,"和谐"是适用于中国语境的经典生态思想,当语境发生变化时,话语的生态性也会随之发生变化。

二 研究贡献

在上述研究发现基础上,本书以理论为锚点,着眼于实践,从理论融合、语言教学、话语分析三大板块对生态语言学的跨学科融合进行了系统的梳理。主要贡献有以下两方面。

第一,本书尝试引入生态学理论,提供生态学与语言学之间进行跨学科融合的思路,并致力于构建可操作的分析框架,将其应用至实践分析当中。突破学科之间壁垒的重点在于在相同背景下找到二者共同存在的问题,并在此基础上尝试进行联结或互补。在生态位理论中,生物和环境之间呈现出双向耦合的关系,这种互动模式同样适用于语言与环境之间相互影响、相互传递的关系。然而,语言研究多专注于语言本身的结构与变化,研究者们虽注意到了环境对语言结构的影响,但由于专业限制,较少能对环境如何影响语言结构做出系统梳理。而在生态位理论中,环境已被系统划分为多个范畴,不同生态系统对应的环境分类也有所差异。这为我们对具体语境中的语言环境划分提供了思路。因此,本书借鉴了生态位理论中的环境影响因子分类模式,语言则被隐喻为物种,用于在生态学理论模式之下寻找其和环境之间的关系。在此过程中,我们以评价理论中的态度系统为语言结构细分框架。因语料选取为广告话语,我们结合了媒介生态位的环境,将影响广告话语的环境因子进行细分和一一对应。至此,每一处语言结构特色都有影响因子与其呼应,在此基础上再进行数据的统计则更具有系统性和说服性,也更能进行深入讨论。此外,根据不同的语境和材料,语言生态位的环境影响因子也会有所调整。如昆虫俗名生态性对比中的认知因子细分,以及课堂教学模式构建中的生态位角色细分等。

第二,本书致力于将理论与实践相结合,关注社会热点问题以及不同语境中的生态文化差异。本书的研究多来自实践经验以及真实语料支撑,如智能时代下科技生态观初探与对比、生态教学模式改革、中国语境下的人际和谐关系剖析与构建等内容,都与人们的生活息息相关。思考源于实践,研究反哺生活。语言与环境相互作用、相互影响的关系是生态语言学研究的核心,而将多种关系系统化、可视化是本书坚持贯彻的重点。

三 启示与反思

生态语言学的研究通常分为两大板块:以豪根为核心的隐喻模式和以韩礼德为核心的非隐喻模式。前者关注语言作为"物种"的发展状态,后者强调语言的社会生态观念影响作用。在实践研究中我们发现,二者虽有区别,但在多数时间中呈现出相互交叉状态。如生态位理论的构建不仅需要借鉴语言作为"物种"的生存特性,也更强调语言在社会语境使用中的文化价值。从表层来看,"生态"一词包含了生态系统的运作模式,如生态位理论、给养模式。从深层来看,"生态"强调生态观念的构建与传播,如人类中心主义与生态整体主义的碰撞。二者可各司其职,也可融为一体。因此,在生态语言学研究中,找准核心落脚点至关重要。若不加以区分和说明,极易造成误解。

第二节 研究局限与展望

一 研究局限

生态语言学是一门跨越生态学、语言学的新兴文理交叉学科,是实证逻辑与内涵分析相结合的有效证明。跨学科融合并非易事,研究者们实现这一过程不仅需要兼具两个学科的基础知识,还需从理论、实践等各个方面解释其差异性,寻找共通性,从而将学科融合从构想转变为现实,并且应用至实践之中使其成为一门独立的超学科。目前,国内外已有一批学者结合自身专业背景,为生态语言学的发展添砖加瓦,如英国格鲁斯特大学的人类环境学研究专家斯提比教授、南丹麦大学人类互动中心的斯蒂芬森教授,以及我国华南农业大学的黄国文教授等人,都致力于从生态学、语言学、人类学、社会学等方面推动生态语言学成为一门独立学科。在此基础上,本书旨在吸收前人研究成果,从理论创新和实践应用的角度对当前生态语言学研究进行进一步的解构和重构。正如前文所提到的，文理学科的跨界融合绝非易事，在研究过程中本书也发现了一些学科融合过程中的难点与痛点，涉及理论的适用性和原创性、语料的代表性和系统性，以及研究用于实践的适用性和延伸性，其中局限有待今后进一步深化。

首先，理论的适用性和原创性有待深入挖掘。在理论创新章节中，本书引入了生态位理论和给养理论，将二者和系统功能语言学理论相结合，并构建了用于实践应用的分析框架。一方面，由于研究所选话题主要聚焦某一类话题，如广告话语、昆虫俗名等，因此，在此基础上构建的分析框架适用性不够广，有待后期研究扩大应用范围；另一方面，本书构建的分析框架主要以吸收结合为主，主要借鉴了生态学、语言学两个学科具有共通性的理论。本书的研究为生态语言学理论创新提供了思路，但与在吸收整合的基础上独立提出新的理论尚存距离。

其次，语料的代表性和系统性还需进一步提高。本书所选的分析语料多以社会生态问题密切相关的内容为主，但所选数量较小，在上升至大类社会生态案例层面还有所欠缺，语料库的扩充工作亟待进行。此外，研究与研究之间所选取的语料关联度还不够明晰，需要对环境类、非环境类等话语进行进一步介绍，以提高语料的代表性。

最后，研究应用的适用性和延伸性仍有提升空间。本书内容主要聚焦生态语言学的分析和构想层面，在实践应用方面还有所欠缺。如关于生态课堂教学模式，还需要结合实际，设计实验，进行进一步的讨论与探索。

二 研究展望

自人类进入 21 世纪以来，生态问题层出不穷。单一学科背景下的研究在面对各类纷繁复杂的环境问题时已显疲态。在科技发展的推动下，环境治理技术虽在进步，但若制造问题的人类未能从根源上认识并正视现状，仍会有新的问题诞生。因此，针对生态问题的探讨，学科间的融合突破是大势所趋。

首先是理论融合，相较于发展已趋成熟的生态学，从事生态语言学研究还需多多借鉴前者已有理论和实践例证，加以吸收，为之所用。其次，生态哲学观的构建也极为重要。生态哲学观是从意识形态上指导人类参与环境行为的内在动力，同时兼具个人特色与集体倾向。目前学者们虽大力强调生态哲学观的构建，但生态哲学观起源何在、如何分类，如何在具体语境中指导人类的环境行为还需要更多实践来进行梳理。在网络发达的当前社会，借鉴生态系统网络模式在大数据网络分析上的实践则更具说服力。至此，如何融合交叉学理论，如何系统梳理生态哲学观念，如何从数据分析的角度落实前者，是现下乃至未来都需要思考的问题。

参考文献

一 专著

邓一恒：《中国社区调解中的权力与中立：调解策略的话语分析》，南开大学出版社 2015 年版。

[法] 弗朗索瓦丝·勒莫：《黑寡妇——谣言的示意及传播》，唐家龙译，商务印书馆 1999 年版。

黄国文、赵蕊华：《什么是生态语言学》，上海外语教育出版社 2019 年版。

李国正：《生态汉语学》，吉林教育出版社 1991 年版。

李荣主编：《现代汉语方言大词典》，江苏教育出版社 2002 年版。

苗兴伟、张蕾：《汉语语篇分析》，外语教学与研究出版社 2021 年版。

彭宣维等：《汉英评价意义分析手册——评价语料库的语料处理原则与研制方案》，北京大学出版社 2015 年版。

任重：《生态伦理学维度》，江西人民出版社 2012 年版。

王逢鑫：《英汉比较语义学》，外文出版社 2001 年版。

虞国跃：《瓢虫 瓢虫》，化学工业出版社 2008 年版。

赵奎英：《生态语言观与生态诗学、美学的语言哲学基础构建》，人民出版社 2017 年版。

朱永生：《语境动态研究》，北京大学出版社 2005 年版。

二　期刊论文

曹刚：《法治、脸面及其他——中国人的传统守法观》，《山东社会科学》2015 年第 12 期。

曹京渊：《亚里士多德的实用修辞观》，《兰州大学学报》2001 年第 2 期。

曹贤文、张璟玮：《语言多样性与社会经济发展相关性的再认识》，《语言文字应用》2020 年第 1 期。

常军芳、丛迎旭：《功能语言学视角下的生态话语分析模式建构——以中国环保部长报告为例》，《北京科技大学学报》（社会科学版）2018 年第 4 期。

常远：《基于 ROST 内容挖掘的国内外生态语言学研究动态及热点分析》，《北京科技大学学报》（社会科学版）2021 年第 6 期。

常远：《论语言的心理生态环境——基于三元互动论和生态位理论》，《重庆科技学院学报》（社会科学版）2019 年第 1 期。

巢乃鹏、黄娴：《网络传播中的"谣言"现象研究》，《情报理论与实践》2004 年第 6 期。

陈晦：《"植物是人"概念隐喻在汉英植物名中的投射》，《外国语文》2014 年第 5 期。

陈晦：《英汉植物名理据及生态观对比分析》，《西安外国语大学学报》2014 年第 3 期。

陈静：《科技与伦理走向融合——论人工智能技术的人文化》，《学术界》2017 年第 9 期。

陈睿：《生态语言学视域下山西面食名称的认知理据研究》，《吉首大学学报》（社会科学版）2018 年第 S2 期。

陈雯、周宏仓、张慧：《大学生学习动力不足的主体性因素分析》，《教育与职业》2015 年第 6 期。

陈新仁：《语用身份：动态选择与话语建构》，《外语研究》2013 年第 4 期。

崔军民：《语言文化的生态保护研究——兼谈藏语言文化的生态保护》，《西北民族大学学报》（哲学社会科学版）2005 年第 2 期。

邓庆环：《人际视角下英语科普语篇的文化和社会互动性》，《山东外语教学》2009 年第 6 期。

董典：《新时代新闻话语的多维度生态话语分析》，《外语电化教学》2021 年第 1 期。

董平荣：《多重身份关系在机构会话中的再现与重构》，《外语教学》2012 年第 1 期。

杜亚丽、陈旭远：《多维视域下的生态课堂理论诉求》，《东北师大学报》（哲学社会科学版）2010 年第 3 期。

樊奇：《美国高校环境教育的特征及启示》，《中国高等教育》2021 年第 Z1 期。

范守义：《定名的理据与名词术语翻译》，《上海科技翻译》2003 年第 2 期。

方印：《环境法上的公众权利——公众环境权范畴、类型与体系》，《河北法学》2021 年第 7 期。

冯冬娜：《系统哲学视域下的生态文化建设及时代价值》，《系统科学学报》2023 年第 2 期。

冯建军:《从环境教育到类主体教育:解决生态问题的教育探索》,《教育发展研究》2019年第12期。

冯文敬:《语用身份建构的有效性评价——以警察调解话语为例》,《解放军外国语学院学报》2020年第2期。

冯彦、赵桂英:《商业广告语篇中的评价资源研究》,《外语学刊》2012年第5期。

高芳:《论颜色词汇的文化内涵》,《河南大学学报》(社会科学版)2006年第6期。

谷志忠:《ESP教学环境生态化研究》,《外语电化教学》2012年第6期。

韩旭、叶云屏:《科普语类的及物性分析》,《北京理工大学学报》(社会科学版)2004年第S1期。

何伟:《"生态话语分析":韩礼德模式的再发展》,《外语教学》2021年第1期。

何伟、高然:《生态语言学研究综观》,《浙江外国语学院学报》2019年第1期。

何伟、耿芳:《英汉环境保护公益广告话语之生态性对比分析》,《外语电化教学》2018年第4期。

何伟、马子杰:《生态语言学视角下的澳大利亚主流媒体之十九大报道》,《外国语文》2019年第4期。

何伟、魏榕:《多元和谐,交互共生——国际生态话语分析之生态哲学观建构》,《外语学刊》2018年第6期。

何伟、魏榕:《话语分析范式与生态话语分析的理论基础》,《当代修辞学》2018年第5期。

何伟、魏榕:《生态语言学:发展历程与学科属性》,《国外社会科学》2018年第4期。

何伟、魏榕：《国际生态话语的内涵及研究路向》，《外语研究》2017 年第 5 期。

何伟、魏榕：《国际生态话语之及物性分析模式构建》，《现代外语》2017 年第 5 期。

何伟、张瑞杰：《生态话语分析模式构建》，《中国外语》2017 年第 5 期。

和继军、张端、李杨：《语言与生态的辩证统一》，《自然辩证法通讯》2020 年第 8 期。

贺斌、祝智庭：《学习环境给养设计研究透视》，《电化教育研究》2012 年第 11 期。

胡春雨、徐奕林：《基于语料库的企业身份建构话语－历史研究》，《现代外语》2023 年第 4 期。

胡芳毅、王宏军：《从"任务链"到"生态圈"：大学英语教学的生态建构》，《外语教学》2019 年第 2 期。

胡庚申：《生态翻译学：产生的背景与发展的基础》，《外语研究》2010 年第 4 期。

胡金木：《生态文明教育的价值愿景及目标建构》，《中国教育学刊》2019 年第 4 期。

胡启海：《生态化视域下大学英语课堂教师言语行为的有效性》，《求索》2014 年第 6 期。

黄国文：《导读：生态语言学与生态话语分析》，《外国语言文学》2018 年第 5 期。

黄国文：《关于生态语言学研究的断想》，《外语与外语教学》2018 年第 5 期。

黄国文：《论生态话语和行为分析的假定和原则》，《外语教学与研究》2017 年第 6 期。

黄国文:《外语教学与研究的生态化取向》,《中国外语》2016 年第 5 期。

黄国文:《生态语言学的兴起与发展》,《中国外语》2016 年第 1 期。

黄国文、陈旸:《生态话语分类的不确定性》,《北京第二外国语学院学报》2018 年第 1 期。

黄国文、陈旸:《作为新兴学科的生态语言学》,《中国外语》2017 年第 5 期。

黄国文、陈旸:《生态哲学与话语的生态分析》,《外国语文》2016 年第 6 期。

黄国文、哈长辰:《生态素养与生态语言学的关系》,《外语教学》2021 年第 1 期。

黄国文、王红阳:《给养理论与生态语言学研究》,《外语与外语教学》2018 年第 5 期。

黄国文、文秋芳:《新时代外语工作者的社会责任》,《中国外语》2018 年第 3 期。

黄国文、赵蕊华:《生态话语分析的缘起、目标、原则与方法》,《现代外语》2017 年第 5 期。

黄河、刘琳琳:《环境议题的传播现状与优化路径——基于传统媒体和新媒体的比较分析》,《国际新闻界》2014 年第 1 期。

黄景、娜娜、滕锋:《给养与外语教育》,《外语与外语教学》2018 年第 1 期。

[美] 吉尔斯·格雷尼尔、刘国辉:《论语言及其多样性的经济价值》,《云南师范大学学报》(哲学社会科学版) 2018 年第 1 期。

贾利军、肖文娟:《物理环境差异与英汉比喻的取象》,《教学与管理》2013 年第 6 期。

贾锐:《大学生生态环境保护意识教育——评〈环境保护概述〉》,

《环境工程》2020 年第 1 期。

菅志翔、马戎：《人类语言与社会发展》，《学术月刊》2021 年第 12 期。

江海燕：《代际公平的伦理维度》，《东北财经大学学报》2012 年第 6 期。

江晓红：《指称转喻的语用动因研究》，《现代外语》2014 年第 6 期。

姜永琢：《论命名的语言学机制》，《广西大学学报》（哲学社会科学版）2008 年第 S1 期。

姜照君、顾江：《江苏省传媒业的广告资源竞争——基于生态位理论的实证分析》，《现代传播（中国传媒大学学报）》2014 年第 8 期。

蒋婷、杨霞：《英汉法律类学术论文中作者身份构建的对比研究——以介入系统为视角》，《西安外国语大学学报》2018 年第 4 期。

蒋婷、杨银花：《对人工智能科普话语的生态性探究》，《北京科技大学学报》（社会科学版）2019 年第 6 期。

蒋婷、张慧：《生态位视阈下中美广告话语的态度资源对比研究》，《现代外语》2021 年第 1 期。

靳玉乐、李叶峰：《中小学生学习效能的水平、演变规律及启示》，《教育研究与实验》2017 年第 1 期。

柯贤兵、谢睿妍：《基于介入系统的法庭调解话语博弈策略研究》，《外语学刊》2022 年第 3 期。

孔庆华：《人民调解制度是一项具有中国特色的法律制度》，《中国法学》1987 年第 3 期。

雷蕾、苗兴伟：《生态话语分析中的生态哲学观研究》，《外语学刊》2020 年第 3 期。

雷璇：《科普语篇与科学语篇的文体关系——以霍金有关"黑洞"

的两个文本为例》,《外语教学》2020年第6期。

李契、朱金兆、朱清科:《生态位理论及其测度研究进展》,《北京林业大学学报》2003年第1期。

李碧芳:《〈押沙龙,押沙龙〉的生态话语分析》,《电影评介》2011年第21期。

李彬彬:《推进生物多样性保护与人类健康的共同发展——One-Health》,《生物多样性》2020年第5期。

李波、于水:《生态公民:生态文明建设的社会基础》,《西南民族大学学报》(人文社会科学版)2018年第3期。

李二占:《词语理据研究:一门处于现在进行时阶段的新学科》,《外国语文》2015年第5期。

李凡繁:《心理学教育与环境保护相融合——评〈环境保护概论〉》,《环境工程》2020年第1期。

李福鹏、姜萍:《科学传播中科学家缺席的原因探析——以"蕉癌"事件为例》,《自然辩证法研究》2009年第6期。

李广、秦一铭:《生态教育理念下区域学校改进研究》,《社会科学战线》2021年第11期。

李国庆:《从一则广告口号语篇看排比修辞格的功能与翻译策略》,《外语教学》2006年第6期。

李海霞:《汉语对动物命名取象的优先规律》,《南京社会科学》2000年第10期。

李洪卫:《知行合一与自由意志》,《华东师范大学学报》(哲学社会科学版)2007年第3期。

李璐:《自适应学习的内在动机对大学生自主学习效能影响的实证研究》,《江苏高教》2021年第11期。

李明建:《高校创新创业教育应加强环境道德教育》,《中学政治教学参考》2021年第20期。

李奇前：《规避还是制衡：权力转移中的身份竞争逻辑》，《印度洋经济体研究》2022年第4期。

李淑晶：《生态语言哲学观研究述评》，《外国语文》2021年第1期。

李淑晶、刘承宇：《基于评价系统的生态话语分析——以特朗普退出〈巴黎气候协定〉的演讲为例》，《外语与外语教学》2020年第5期。

李文蓓：《基于语言生态学的语言生态位研究》，《外国语言文学》2018年第5期。

李文蓓、黄国文：《语言生态位的生态学分析》，《语言教育》2021年第4期。

李压红：《大学英语教学模式的生态化构建——评〈大学英语生态教学模式建构研究〉》，《教育理论与实践》2021年第27期。

李永平：《从"香蕉致癌"谣言看科学传播的本土语境》，《新闻爱好者》2009年第14期。

李永平：《文学人类学视野下的谣言、流言及叙述大传统》，《思想战线》2014年第2期。

李永平：《谣言传播的本土语境及风险防控》，《当代传播》2011年第5期。

梁晓波、曾广：《概念隐喻的形象评价与建构功能》，《外语研究》2016年第5期。

刘辰、郑玉琪：《基于批评转喻分析的机构身份建构研究》，《外语研究》2016年第1期。

刘金明：《当代隐喻理论与经验主义认知观》，《湖南科技大学学报》（社会科学版）2004年第4期。

刘泾：《网络舆论生态视域中的谣言治理研究》，《情报科学》2014

年第5期。

刘世铸：《评价的语言学特征》，《山东外语教学》2007年第3期。

刘涛：《文化意象的构造与生产——视觉修辞的心理学运作机制探析》，《现代传播（中国传媒大学学报）》2011年第9期。

刘英凯：《功能语法理论的"层次"观及翻译》，《外语与外语教学》1999年第7期。

柳靖、柳桢：《学习环境与吸引力：芬兰职业教育与培训的做法及启示》，《职业技术教育》2021年第21期。

卢鹿：《研究生EAP课外国际期刊论文合作阅读：给养与体裁知识建构》，《外语教育研究前沿》2021年第3期。

陆益龙：《社会主要矛盾的转变与基层纠纷的风险》，《学术研究》2018年第6期。

马亚琴：《日语教学中的环保教育——评〈环境保护与可持续发展〉》，《环境工程》2019年第8期。

孟亚茹：《高校英语教学生态系统中大学生ICT素养和影响因素》，《外语电化教学》2009年第6期。

梦梦、刘鑫、赵英男等：《自然保护地环境教育实践与研究现状》，《世界林业研究》2020年第2期。

苗兴伟、雷蕾：《基于功能语言学系统进化观的生态语言学维度探析》，《中国外语》2020年第1期。

苗兴伟、李珂：《立场表达视角下企业生态身份的话语建构对比研究》，《西北师大学报》（社会科学版）2022年第2期。

苗兴伟、李珂：《再语境化视角下企业生态身份的话语建构》，《外语教学》2021年第2期。

欧阳康、张梦：《国家治理视域中的病毒式谣言及其治理研究》，《学术界》2022年第4期。

潘震：《情感传译的隐转喻识解》，《外语教学与研究》2013 年第 5 期。

亓玉杰、冯德正：《多模态隐喻与广告语篇分析：隐喻系统的建立与定量分析》，《北京科技大学学报》（社会科学版）2014 年第 6 期。

钱立新、王江汉：《代际话语冲突介入性和谐管理的语用策略研究——以江西卫视〈金牌调解〉栏目为例》，《江淮论坛》2018 年第 5 期。

秦国荣：《人民调解制度：法律性质、文化成因及现代意义分析》，《兰州大学学报》2004 年第 3 期。

秦丽莉、戴炜栋：《生态视阈下大学英语学习环境给养状况调查》，《现代外语》2015 年第 2 期。

秦丽莉、戴炜栋：《二语习得社会文化理论框架下的"生态化"任务型语言教学研究》，《外语与外语教学》2013 年第 2 期。

冉永平：《人际交往中的和谐管理模式及其违反》，《外语教学》2012 年第 4 期。

任一奇、王雅蕾、王国华等：《微博谣言的演化机理研究》，《情报杂志》2012 年第 5 期。

尚晨光、赵建军：《生态文化的时代属性及价值取向研究》，《科学技术哲学研究》2019 年第 2 期。

佘正荣：《中国生态伦理传统与现代西方环境伦理学思维方式之比较》，《鄱阳湖学刊》2011 年第 1 期。

沈静：《基于生态语言学的学术英语写作教学评价体系建设》，《内蒙古财经大学学报》2021 年第 6 期。

施爱东：《辟谣困局：造谣动动嘴，辟谣跑断腿》，《民族艺术》2016 年第 1 期。

施洋:《语码转换在构建英语生态课堂中的功能探究》,《黑龙江高教研究》2014年第2期。

石春煦:《身份研究:积极话语分析和批评话语分析的互补性》,《外语学刊》2022年第3期。

石玲:《大学生自然教育的现状及对策》,《国家教育行政学院学报》2021年第12期。

史金生、胡晓萍:《"就是"的话语标记功能及其语法化》,《汉语学习》2013年第4期。

宋健楠:《引发态度的语义特征新释》,《外语教学》2019年第4期。

宋健楠:《隐喻的态度评价价值考略》,《西安外国语大学学报》2016年第3期。

苏新春:《生态语言学的历史必然与当代使命》,《外语教学》2020年第6期。

隋荣谊、李锋平:《从审美移情出发固推文学翻译中的翻译美学理论》,《外语与外语教学》2009年第8期。

孙莉、杨晓煜:《评价理论视域下的和谐话语分析——以2018年"百篇网络正能量文字作品"为例》,《中国外语》2020年第4期。

孙彦斐、唐晓岚:《环境教育课程的理路重构与实践策略》,《南京社会科学》2021年第3期。

孙志成、高欢:《日本主流报纸中"中国留学生"集体身份的话语建构》,《外语与外语教学》2021年第3期。

覃明兴:《关于生态科技的思考》,《科学技术与辩证法》1997年第3期。

谭晶华:《生态审美视域下的〈云雀之歌〉再探》,《外语与外语教学》2021年第3期。

谭耀庚、赵敬钊：《浅谈中英文昆虫名称与文化》，《昆虫知识》2003年第1期。

唐丽君、张武桥：《网络舆论的疏导与管理》，《人民论坛》2020年第22期。

陶莎：《高校思想政治教育中的环境生态理念渗透——评〈环境生态工程〉》，《环境工程》2021年第1期。

田旭、康晓芸：《生态学理念对高校英语教学的启示》，《教育探索》2012年第5期。

汪习根、王康敏：《论情理法关系的理性定位》，《河南社会科学》2012年第2期。

汪珍：《数字时代学校英语教学的生态特征及教学模式研究》，《环境工程》2021年第11期。

王岑、郭育丰：《从生态伦理观看人与自然关系的构建》，《中共福建省委党校学报》2009年第11期。

王灿发：《突发公共事件的谣言传播模式建构及消解》，《现代传播（中国传媒大学学报）》2010年第6期。

王灿发、侯欣洁：《重大突发事件中的谣言话语分析》，《新闻传播与研究》2012年第5期。

王馥芳：《生态语言学和认知语言学的相互借鉴》，《中国外语》2017年第5期。

王红生：《语言符号的任意性及其理论效能》，《西安交通大学学报》（社会科学版）2017年第3期。

王宏军：《论生态语言学的研究范式》，《外国语文》2019年第4期。

王婧涛、张卫国：《教育生态学视域下的商务英语生态教学模式探究》，《教育理论与实践》2019年第30期。

王俊杰：《庄子的动物隐喻及其与深生态伦理的关联》，《中州学刊》2015年第8期。

王开伟：《试论高校生态课堂的构建》，《教育与职业》2014年第36期。

王可：《生态理念下高校英语教学发展方向研究》，《黑龙江高教研究》2016年第11期。

王凛然：《当代环境保护史：中国史研究的迫切课题》，《河北学刊》2020年第6期。

王梦洁：《联合国教科文组织：敦促各国在2025年前将环境教育纳入核心课程》，《人民教育》2021年第11期。

王如利：《现代汉语外来词研究之研究》，《语言科学》2021年第4期。

王天翼、王寅：《命名转喻观——以石钟山命名为例》，《外语教学》2017年第4期。

王文略、王倩、余劲：《我国不同群体环境教育问题调查分析——以陕宁渝三地为例》，《干旱区资源与环境》2018年第6期。

王晓冬：《日本小学环境教育的发展、特点及启示》，《教学与管理》2020年第12期。

王晓婧：《电视调解节目主持人语境元话语的顺应性分析》，《外语与外语教学》2020年第4期。

王兴隆、陈淑梅：《〈尔雅·释虫〉名物词理据探微》，《徐州师范大学学报》（哲学社会科学版）2007年第3期。

王寅：《体现后现代主义哲学的体验人本性意义观——中国后语哲思考之三》，第三届中西语言哲学国际研讨会，2009年，http://www.wanfangdata.com.cn/details/detail.do?_typeconference&id=HYCIC201412290000005174。

王寅：《体认语言学发凡》，《中国外语》2019年第6期。

王寅：《认知生态语言学初探》，《中国外语》2018 年第 2 期。

王寅：《体验哲学和认知语言学为语言哲学之延续——二十九论语言的体认性》，《中国外语》2013 年第 1 期。

王寅：《意义的二元观、涵义观和体认观——基于体验哲学的"一物多名"新解》，《解放军外国语学院学报》2011 年第 5 期。

王寅：《体验人本观视野下的认知符号学》，《外语研究》2011 年第 3 期。

王寅：《"现实—认知—语言"三因素间的反映与对应滤减现象》，《四川外语学院学报》1998 年第 3 期。

王颖：《维果茨基最近发展区理论及其应用研究》，《山东社会科学》2013 年第 12 期。

王振华：《"物质过程"的评价价值——以分析小说人物形象为例》，《外国语（上海外国语大学学报）》2004 年第 5 期。

王振华：《评价系统及其运作——系统功能语言学的新发展》，《外国语（上海外国语大学学报）》2001 年第 6 期。

王振华、马玉蕾：《评价理论：魅力与困惑》，《外语教学》2007 年第 6 期。

王振华、田华静：《作为社会过程的法律语篇——系统功能语言学框架下的语篇语义观》，《语言学研究》2017 年第 1 期。

魏榕：《国际生态话语分析的系统功能框架研究》，博士学位论文，北京科技大学，2019 年。

魏榕：《基于语料库的有益性话语评价语义系统建构研究》，《西安外国语大学学报》2019 年第 2 期。

乌楠、张敬源：《中美企业机构身份的话语建构策略》，《现代外语》2019 年第 2 期。

吴承笃：《返身于物与多元共生——生态语言的生态性反思》，《南京社会科学》2019 年第 8 期。

吴晗清、孙目:《生态学视域下"生态课堂"的构建》,《教育理论与实践》2017 年第 2 期。

吴元元:《人民调解员的制度角色考》,《中国法学》2021 年第 4 期。

辛志英、黄国文:《系统功能语言学与生态话语分析》,《外语教学》2013 年第 3 期。

夏宁满:《教育语言学的研究范式:解构与重构》,《外语研究》2022 年第 2 期。

项蕴华:《身份建构研究综述》,《社会科学研究》2009 年第 5 期。

肖朗:《天人合一与生态美学——兼从现象学视角看中国生态美学智慧》,《郑州大学学报》(哲学社会科学版) 2019 年第 4 期。

徐兵、顾玉娥、盛丽梅等:《新时代背景下高职学生学习动力现状及分析》,《高等工程教育研究》2019 年第 5 期。

徐莉娜:《理据、约定和翻译的关系》,《中国翻译》2006 年第 5 期。

徐盛桓:《语言学研究方法论探微——一份建议性的提纲》,《外国语(上海外国语大学学报)》2001 年第 5 期。

徐新容:《加拿大中小学环境教育的经验和启示》,《教育研究》2018 年第 6 期。

徐艳军、刘向力:《疫情之下思高中环境伦理教育》,《地理教学》2020 年第 14 期。

严辰松:《功能主义语言学说略》,《解放军外语学院学报》1997 年第 6 期。

严先溥:《金融危机下的消费模式转型——中、美消费模式的比较与启示》,《中国金融》2010 年第 6 期。

杨炳钧、尹明祥:《系统功能语法核心思想对语言教学的指导意义》,《外语学刊》2000 年第 3 期。

杨敏、佟彤:《庭审叙事中的医患身份建构策略研究》,《中国外语》2022 年第 1 期。

杨素云:《论民事调解的价值生态合理性》,《政治与法律》2013 年第 8 期。

杨晓玲:《高校研究性教学中融入生态环境发展元素探讨》,《环境工程》2021 年第 11 期。

叶琼琼、陈丹璐:《徐志摩诗歌的动物意象隐喻及其生态观研究》,《江汉论坛》2020 年第 11 期。

于浩:《人民调解法制化:可能及限度》,《法学论坛》2020 年第 6 期。

余娟、王瑛:《自然生态记录片中的参与者角色配置与生态意识的建构》,《北京科技大学学报》(社会科学版) 2018 年第 4 期。

余樟亚、胡文辉:《隐性评价的"规约含义"与"会话含义"比较》,《外语学刊》2015 年第 5 期。

袁会、蔡骐:《立场三角中的定位与论证:阴谋论谣言的说服策略研究》,《新闻与传播研究》2022 年第 8 期。

岳伟、李琰:《生态文明教育亟须立法保障》,《教育科学研究》2021 年第 2 期。

岳伟、刘贵华:《走向生态课堂——论课堂的整体性变革》,《教育研究》2014 年第 8 期。

赵蕊华、黄国文:《和谐话语分析框架及其应用》,《外语教学与研究》2021 年第 1 期。

曾蕾、黄芳:《历史语境视角下自然文学的和谐话语分析——以〈沙乡年鉴〉为例》,《中国外语》2022 年第 2 期。

曾令健：《承继·契合·沟通——结构主义视角下的人民调解》，《当代法学》2009年第6期。

曾琦云、林小燕：《孔子"无讼"论》，《求索》2005年第5期。

张彩华、黄国文：《系统论、系统功能语言学与生态语言学》，《中国外语》2019年第5期。

张丹清、黄国文：《从话语时空性到话语生态分析》，《外语与外语教学》2022年第3期。

张海涛：《英语词汇的理据性：认知视角》，《山西大学学报》（哲学社会科学版）2017年第4期。

张航、于娜娜：《生态学视角下大学英语教学研究回顾与展望——基于国内期刊的论文分析（2005—2019年）》，《教育理论与实践》2020年第33期。

张剑光：《从"避免过度娱乐化"论大众媒体的传播价值重塑》，《新闻爱好者》2022年第3期。

张巨武：《英汉语言中动物词语的对比》，《西北农林科技大学学报》（社会科学版）2008年第3期。

张蕾、严绍阳：《外语教育与本土环境教育的融合研究》，《环境工程》2021年第11期。

张琳、黄国文：《语言自然生态研究：源起与发展》，《外语教学》2019年第1期。

张茂林、王戎疆：《昆虫多样性的保护现状与趋势》，《应用昆虫学报》2011年第3期。

张彭松：《环境伦理教育：生态教学及实践探索》，《广西师范大学学报》（哲学社会科学版）2014年第1期。

张瑞杰：《系统功能语言学视角下话语生态性分析模式构建》，博士学位论文，北京科技大学，2018年。

张卫国：《语言经济与语言经济学：差异与互补》，《学术月刊》2015年第3期。

张炜炜：《概念隐喻、转喻研究的热点问题与方法探讨》，《外语教学》2019年第4期。

张晓雪：《翻译与说服：一个全新的翻译研究视角》，《外语教学理论与实践》2016年第3期。

张学广：《国际环境教育与可持续未来——澳大利亚环境教育国际会议综述》，《比较教育研究》2000年第2期。

张艳：《〈钦定藏内善后章程二十九条〉之和谐话语分析》，《西藏大学学报》（社会科学版）2019年第4期。

张喆：《我国的语言符号象似性研究》，《外语学刊》2007年第1期。

张志安、束开荣：《谣言传播、谣言意涵与谣言应对——欧美学术界近年来谣言研究的三个视角》，《新闻与写作》2016年第9期。

赵常友、刘承宇：《语言生态化研究及生态语言学的两个转向》，《东北大学学报》（社会科学版）2020年第2期。

赵豆：《生态环境思想践行：从生态意识形成到生态位建构》，《南京林业大学学报》（人文社会科学版）2018年第2期。

赵奎英：《从生态语言学批评看"生态"与"环境"之辨》，《厦门大学学报》（哲学社会科学版）2013年第5期。

赵蒙成、朱苏：《研究生学习力的特点与养成策略》，《学位与研究生教育》2010年第8期。

赵攀：《构建大学英语生态课堂模式》，《中国成人教育》2010年第24期。

赵蕊华：《基于语料库CCL的汉语语言生态研究——以"野生动物"为例》，《外语与外语教学》2018年第5期。

赵蕊华：《系统功能视角下生态话语分析的多层面模式——以生态报告中银无须鳕身份构建为例》，《中国外语》2016年第5期。

赵蕊华、黄国文：《生态语言学研究与和谐话语分析——黄国文教授访谈录》，《当代外语研究》2017年第4期。

赵秀凤：《环保组织生态身份的多模态隐喻构建——以绿色和平组织反对石化能源的抗议话语为例》，第七届全国生态语言学研讨会，内蒙古，2022年。

周桂钿：《儒家等级观与当代社会》，《湖南社会科学》2008年第1期。

周宏丽、田志鹏、张宏民：《环境教育融入社区教育的路径研究》，《成人教育》2021年第3期。

周勤、陈亮：《同伴引领式生态课堂的相互给养》，《现代外语》2020年第5期。

朱长河：《认知生态语言学——体验哲学视野下的语言研究新范式》，《外国语文》2015年第5期。

朱长河：《认知语言学与生态语言学的结合——以词汇系统为例的可行性分析》，《四川外国语学院学报》2008年第2期。

朱妮娅：《生态课堂教学对小组口语报告质量的作用——以同伴支架的运用为例》，《外语与外语教学》2018年第1期。

朱永生、徐玉臣：《Halliday和Martin语境模型的对比》，《中国外语》2005年第3期。

朱永生：《概念意义中的隐性评价》，《外语教学》2009年第4期。

朱永生：《积极话语分析：对批评话语分析的反拨与补充》，《英语研究》2006年第4期。

祝怀新、卢双双：《以色列中小学环境教育多元化途径探析》，《比较教育研究》2018年第6期。

祝怀新、熊浩天：《澳大利亚幼儿环境教育政策探析》，《比较教育研究》2021年第11期。

祝克懿、殷祯岑：《生态语言学视野下的官场话语分析》，《南昌大学学报》（人文社会科学版）2014年第4期。

庄穆、董皓：《生态文明视域下科技发展与自然关系的哲学反思》，《科技管理研究》2016年第2期。

三 英文文献

Alexander, Richard and Arran Stibbe, "From the Analysis of Ecological Discourse to the Ecological Analysis of Discourse", *Language Science*, Vo. 41, 2014.

Alexander, Richard J., "Investigating Texts about Environmental Degradation using Critical Discourse Analysis and Corpus Linguistic Techniques", In Alwin F. Fill and Hermine Penz, eds., *The Routledge Handbook of Ecolinguistics*, New York and London: Routledge, 2018, pp. 196–210.

Alexander, Richard, *Framing Discourse on The Environment: A Critical Discourse Approach*, London: Routledge, 2009.

Banerjee, Subhabrata, Charles S. Gulas, and Easwar Iyer, "Shades of Green: A Multidimensional Analysis of Environmental Advertising", *Journal of Advertising*, Vol. 24, No. 2, 1995.

Bang, Jørgen Chr and Wilhelm Trampe, "Aspects of An Ecological Theory of Language", *Language Sciences*, Vol. 41, 2014.

Begon, Michael and Colin R. Townsend, *Ecology: From Individuals to Ecosystems* (5ed.), London: John Wiley & Sons Ltd., 1986.

Blackledge, A. Language Ecology and Language Ideology, In Creese, A., Martin, P., and Hornberger, N. H., eds., *Encyclopedia of Language and Education*, Berlin: Springer Science + Business Media LLC, 2008, pp. 27 – 40.

Carvalho, Anabela, "Representing the Politics of the Greenhouse Effect: Discursive Strategies in the British Media", *Critical Discourse Studies*, Vol. 2, No. 1, 2005.

Clark, Andy, "Language, Embodiment, and the Cognitive niche", *Trends in Cognitive Sciences*, Vol. 10, No. 8, 2006.

Clark, Andy, "Word, Niche and Super-niche: How Language Makes Minds Matter More", *Theoria. Revista de Teoría, Historia y Fundamentos de la Ciencia*, Vol. 20, No. 3, 2005.

Clayton, S. & Gene, M., *Conservation Psychology: Understanding and Promoting Human Care for Nature*, New Jersey: Wiley-Blackwell, 2009.

Croft, William and D. Alan Cruse, *Cognitive Linguistics*, London: Cambridge University Press, 2004.

David C. Brown and Lucienne Blessing, "The Relationship Between Function and Affordance", *International Design Engineering Technical Conferences and Computers and Information in Engineering Conference*, Vol. 4724, 2005.

Delibes-Mateos, Miguel, "Rumours about Wildlife Pest Introductions: European Rabbits in Spain", *Ambio*, Vol. 46, No. 2, 2017.

Dimmick, John W., *Media Competition and Coexistence: The Theory of the Niche*, London: Routledge, 2002.

Dimmick, John, Chen Yan and Li Zhan, "Competition Between the

Internet and Traditional News Media: The Gratification-Opportunities Niche Dimension", *The Journal of Media Economics*, Vol. 17, No. 1, 2004.

Doyle, Walter and Gerald A. Ponder, "Classroom Ecology: Some Concerns About a Neglected Dimension of Research on Teaching", *Contemporary Education*, Vol. 46, No. 3, 1975.

Dunayer, Joan, *Animal Equality: Language and Liberation*, New York: Lantern Books, 2001.

Einar Haugen, "The Ecology of Language", In Anwar S. Dil, ed., *The Ecology of Language: Essays by Einar Haugen*, Stanford: Stanford University Press, 1972, pp. 325 – 339.

Elton, Charles, *Animal Ecology*, New York: The Macmillan Company, 1927.

Ewert, Rebecca, "Like Wildfire: Creating Rumor Content in the Face of Disaster", *Environmental Sociology*, Vol. 8, No. 4, 2022.

Fill, Alwin and Peter Mühlhäusler, *The Ecolinguistics Reader: Language, Ecology and Environment*, London: Continuum, 2001.

Fill, Alwin, and Sune Vork Steffensen, "The Ecology of Language and The Ecology of Science", *Language Science*, Vol. 41, 2014.

Fill, Alwin, "Ecolinguistics: State of the Art 1998", In Fill, Alwin, and Peter Mühlhäusler, eds., *The Ecolinguistics Reader Language, Ecology, and Environment*, London: Continuum, 2001, pp. 43 – 53.

Gerbig, A., "The Representation of Agency and Control in Texts on the Environment", In Richard Alexander, Jorgen Chr. Bang and J. Door, eds. *Ecolinguistics, Problems, Theories and Methods*,

Tokyo: Waseda University Press, 1993, pp. 61 – 73.

Gibbs, Wayt W., "On the Termination of Species", *Scientific American*, Vol. 285, No. 5, 2001.

Goatly, Andrew, *The Routledge Handbook of Ecolinguistics*, London: Routledge, 2018.

Goatly, Andrew, "Humans, Animals, and Metaphors", *Society & Animals*, Vol. 14, No. 1, 2006.

Goatly, Andrew, "The Representation of Nature on the BBC World Service", *Text & Talk*, Vol. 22, No. 1, 2002.

Goshylyk, Nataliia, "Sustainability Online: Social Media Affordances for Ecological Identity Construction: The Case of California. Graz", paper delivered to The Sixth International Conference on Ecolinguistics, University of Graz, Austria, September 21 – 24, 2022.

Grange, Lesley Le, "Towards a 'Language of Probability' for Environmental Education in South Africa", *South African Journal of Education*, Vol. 22, No. 2, 2002.

Grinnell, Joseph, "The Niche-Relationships of the California Thrasher", *The Auk*, Vol. 34, No. 4, 1917.

Guerrettaz, Anna Marie and Bill Johnston, "A Response: The Concept of the Classroom Ecology and the Roles of Teachers in Materials Use", *Modern Language Journal*, Vol. 98, No. 2, 2014.

Halliday, Michael Alexander Kirkwood and Christian M. I. M. Matthiessen, *An Introduction to Functional Grammar*, London: Edward Arnold, 2004.

Halliday, Michael Alexander Kirkwood and Christian M. I. M. Matthiessen, C. M. I. M., *Halliday's Introduction to Functional Gram-*

mar, London & New York: Routledge, 2014.

Halliday, Michael Alexander Kirkwood, *Language as Social Semiotic: the Social Interpretation of Language and Meaning*, 1978.

Halliday, Michael Alexander Kirkwood, "New Ways of Meaning: The Challenge to Applied Linguistics", *Journal of Applied Linguistics*, Vol. 6, 1990.

Hansen, Anders and Robert Cox, *The Routledge Handbook of Environment and Communication*, London: Routledge, 2015.

Hansen, Anders, *Environment, Media and Communication*, London: Routledge, 2019.

Hansen, Anders, "Discourses of Nature in Advertising", *Communications*, Vol. 27, No. 4, 2002.

Harvey, David, *Justice, Nature & the Geography of Difference*, Cambridge: Blackwell, 1996.

Haugen, Einar and Anwar S. Dil, eds., *The Ecology of Language: Essays*, San Franciseo Stanford University Press, 1972.

Heller, Monica, "Globalization, The New Economy, and The Commodification of Language and Identity", *Journal of Sociolinguistics*, Vol. 7, No. 4, 2003.

Heuberger, Reinhard, "Anthropocentrism in Monolingual English Dictionaries, An Ecolinguistic Approach to The Lexicographic Treatment of Faunal Terminology", *Arbeiten aus Anglistik und Amerikanistik*, Vol. 28, No. 1, 2003.

Heuberger, Reinhard, "Language and Ideology: a Brief Survey of Anthropocentrism and Speciesism in English", In Alwin Fill and Hermine Penz, eds., *Sustaining Language: Essays in Applied*

Ecolinguistics, LIT Verlag Münster, 2007.

Hidalgo, M. Carmen and Bernardo Hernandez, "Place Attachment: Conceptual and Empirical Questions", *Journal of Environmental Psychology*, No. 3, 2001.

Howlett, Michael and Rebecca Raglon, "Constructing the Environmental Spectacle: Green Advertisements and The Greening of the Corporate image, 1910 – 1990", *Environmental History Review*, Vol. 16, No. 4, 1992.

Hutchinson, G. Evelyn, "Concluding Remarks", *Cold Spring Harbor Symposia on Ouantitative Biology*, Vol. 22, 1957.

Jackendoff, Ray S., *Semantics and Cognition*, Cambridge: MIT Press, 1983.

James J. Gibson, *The People, Place, and Space Reader*, London: Routledge, 2014, pp. 56 – 60.

Khakimova, G, "Rumour Text Constructing Techniques in Media Discourse: Case Study of Gossip Columns. III PMMIS 2019 (Post mass media in the modern informational society) ' Journalistic Text in a New Technological Environment: Achievements and Problems'", *The European Proceedings of Social & Behavioural Sciences*, Vol. 66, 2019.

Knorr-Cetina, Karin D., *The Ethnographic Study of Scientific Work: Towards a Constructivist Interpretation of Science*, London: Sage, 1983.

Kövecses, Zoltán and Günter Radden, "Metonymy: Developing a Cognitive Linguistic View", *Cognitive Linguistics*, Vol. 9, No. 1, 1998.

Lakoff, George and Mark Johnson, *Metaphors We Live By*, Chicago: University of Chicago Press, 1980.

Lakoff, George and Mark Johnson, *Philosophy in the Flesh: The Embodied Mind and Its Challenge to Western Thought*, New York: Basic Books, 1999.

Lakoff, George, "Why it Matters How We Frame the Environment", *Environmental Communication*, Vol. 4, No. 1, 2010.

Lanamäki, Arto, Devinder Thapa, and Karen Stendal, *When Is an Affordance? Outlining Four Stances?* Paper delivered to the Beyond Interpretivism? New Encounters with Technology and Organization: IFIP WG 8.2 Working Conference on Information Systems and Organizations, Dublin, Ireland, 2016.

Larson, Brendon M. H., "The Ethics of Scientific Language About the Environment", in Alwin F. Fill and Hermine Penz, eds., *The Routledge Handbook of Ecolinguistics*, London: Routledge, 2017, pp. 367–377.

Lee, Soosang, "Analysis of Subject Category on Artificial Intelligence Discourse in Newspaper Articles", *Journal of Korean Library & Information Science Society*, Vol. 48, No. 4, 2017.

Leopold, A., *A Sand County Almanac, and Sketches Here and There*, Oxford: Oxford University Press, 1949.

Li, Jia, Sune Vork Steffensen and Guowen Huang, "Rethinking Ecolinguistics from a Distributed Language Perspective", *Language Sciences*, 80, 101277, 2020.

Light, Andrew, "What is An Ecological Identity?", *Environmental Politics*, Vol. 9, No. 4, 2000.

Littlemore, Jeannette, *Metonymy: Hidden Shortcuts in Language, Thought and Communication*, Cambridge: Cambridge University Press, 2015.

Luardini, Maria Arina, Natalina Asi, and Mark Garner, "Ecolinguistics of Ethno-medicinal Plants of the Dayak Ngaju Community", *Language Sciences*, Vol. 74, 2019.

Machin, David and Yueyue Liu, "How Tick List Sustainability Distracts from Actual Sustainable Action: the UN 2030 Agenda for Sustainable Development", *Critical Discourse Studies* (ahead-of-print), 2023.

Macken-Horarik, Mary and Anne Isaac & I. Anne, *Appraising Appraisal*, In Thompson, Geoff and Laura Alba-Juez, eds., *Evaluation in Context*, Amsterdam, John Benjamins Publishing Company, 2014, pp. 67–92.

Marchand, Marianne H. and Jane L. Parpart, eds., *Feminism, Postmodernism, Development: International Studies of Women and Place*, London and New York: Routledge, 2003.

Martin, James R. and David Rose, *Working with Discourse: Meaning Beyond the Clause*, London: Continuum, 2007.

Martin, James R. and Peter R. White, *The Language of Evaluation: Appraisal in English*, New York: Palgrave Macmillan, 2005.

McGrenere, Joanna and Wayne Ho, *Affordances: Clarifying and Evolving a Concept*, Graphics Interface, May 2000.

Mee, Arthur, ed., *Popular Science*, London: Amalgamated Press, 1913.

Morgan, Brian and Ian Martin, "Toward a Research Agenda for Classroom-as-Ecosystem", *The Modern Language Journal*, Vol. 98, No. 2, 2014.

Mwaniki, Munene, "Indigenous languages and the Informal Economy in Africa: A Qualitative Analysis of the Economics of Language Dynamics in Rural Kenya", *Southern African Linguistics and Applied Language Studies*, Vol. 34, No. 4, 2016.

Mühlhäusler, Peter, *Language of Environment-Environment of Language: A Course in Ecolinguistics*, London: Battlebridge, 2003.

Naess, Arne, *Ecology, Community and Lifestyle: Outline of An Ecosophy*, Cambridge: Cambridge University Press, 1990.

Naess, Arne, Drengson, Alan and Yuichi Inoue, eds., *The Deep Ecology Movement: An Introductory Anthology*, CA: North Atlantic Books, 1995, pp. 3 – 10.

Nash, Joshua and Peter Mühlhäusler, "Linking language and the environment: the case of Norf'k and Norfolk Island", *Language Sciences*, Vol. 41, 2014.

Norman, Donald A., "Affordance, conventions, and design", *Interactions*, Vol. 6, No. 3, 1999.

Nye, Benjamin D. and Barry G. Silverman, Affordance, *Encyclopedia of the Sciences of Learning*, 2012.

Odling-Smee, John and Kevin N. Laland, "Cultural Niche Construction: Evolution's Cradle of Language", *The Prehistory of Language*, 2009.

Oliver, Martin, "The Problem with Affordance", *E-learning and Digital Media*, Vol. 2, No. 4, 2005.

Ongkrutraksa, Worawan Yim, "Green Marketing and Advertising", in May, Steve, George Cheney, and Juliet Roper, *The Debate over Corporate Social Responsibility*, 2007, pp. 365 – 378.

Paper delivered to the International Design Engineering Technical Conferences & Computers and Information in Engineering Conference (IDETC/CIE), Long Beach, California, USA, September 24 – 28, 2005.

Parsons, Howard L. , *Marx and Eengels on Ecology*, London: Greenwood Press, 1977.

Penko Seidl, Nadja, *Engraved in the Landscape: The Study of Spatial and Temporal Characteristics of Field Names in the Changing Landscape*, *Names*, Vol. 67, No. 1, 2019. doi: 10. 1080/00277738. 2017. 1415539.

Perhac, Ralph M. , "Environmental Justice: the Issue of Disproportionality", *Environmental Ethics*, Vol. 21, No. 1, 1999.

Pezzullo, Phaedra C. and Robert Cox, *Environmental Communication and the Public Sphere* (5ed.), London: Sage, 2018.

Pinker, Steven, "Language as an Adaptation to the Cognitive Niche", *Studies in the Evolution of Language*, No. 3, 2003.

Proshansky, Harold M. , Abbe K. Fabian and Robert Kaminoff, "The City and Self-identity: Physical World Socialization of the Self", *Journal of Environmental Psychology*, No. 1, 1983.

Proshansky, Harold M. , "The City and Self-identit", *Environment and Behavior*, Vol. 10, No. 2, 1978.

Radden, Günter, "How Metonymic Are Metaphors?", in René Dirven and Ralf Pörings, eds. , *Metaphor and Metonymy in Comparison and Contrast*, Berlin: Mouton de Gruyter, 2003, pp. 407 – 434.

Regan, Tom and Peter Singer, *Animal Rights and Human Obligations*, Englewood: Prentice Hall, 1989.

Ricklefs, Robert E. and Gary Leon Miller, *Ecology*: Macmillan, 2000.

Ruqaiya, Hasan, *The Place of Context in a Systemic Functional Model*, London and New York: Continuum, 2009.

Schleppegrell, Mary J., Abstraction and agency in middle school environmental education, in Jørgen Chr. Bang, et al., eds., *Language and Ecology: Ecolinguistics Problems, Theories and Methods*, Essays for the AILA 1996 Symposium, 1996, pp. 27 – 42.

Schultz, Beth, Language and the natural environment, In Fill, Alwin and Peter Mühlhäusler, eds., *The Ecolinguistics Reader: Language, Ecology, and Environment*, London: Continuum, 2001, pp. 109 – 114.

Sealey, Alison and Nickie Charles, "What Do Animals Mean to You?", Naming and Relating to Nonhuman Animals, *Anthrozoös*, Vol. 26, No. 4, 2013.

Sealey, Alison, "Animals, Animacy and Anthropocentrism", *International Journal of Language and Culture*, Vol. 5, No. 2, 2018.

Sears, Robert R., "Carl Iver Hovland: 1912 – 1961", *The American Journal of Psychology*, Vol. 74, No. 4, 1961.

Shelford, Victor E., "Some Concepts of Bioecology", *Ecology*, Vol. 12, No. 3, 1931.

Sinha, Chris, Language as a biocultural niche and social institution, In Sinha, Chris, ed., *Ten Lectures on Language, Culture and Mind*, Leiden and Boston: Brill, 2017.

Sommer, Robert and Barbara A. Sommer, Zoomorphy: Animal Metaphors for Human Personality, *Anthrozoös*, Vol. 24, No. 3, 2011.

Spencer-Oatey, Helen, Face, (im) politeness and rapport, In Spencer-Oatey, Helen, ed., *Culturally Speaking: Culture, Communication and Politeness Theory*, London: Continuum, 2008.

Stamou, Anastasia G. and Stephanos Paraskevopoulos, "Representing Protection Action in an Ecotourism Setting: a Critical Discourse Analysis of Visitors' Books at a Greek Reserve", *Critical Discourse Studies*, Vol. 5, No. 1, 2008.

Steffensen, Sune Vork and Alwin Fill, "Ecolinguistics: the State of the Art and Future Horizons", *Language Sciences*, Vol. 41, 2014.

Steffensen, Sune Vork, "Cognitive probatonics: Towards an ecological psychology of cognitive particulars", *New Ideas in Psychology*, Vol. 42, 2016.

Stibbe, Arran, Advertising Awareness, In Stibbe, Arran, ed., *The Handbook of Sustainability Literacy: Skills for a Changing World*, London: Bloomsbury Publishing, 2009, pp. 37–42.

Stibbe, Arran, Critical discourse analysis and ecology, In Flowerdew, John and John E. Richardson Eds, *The Routledge Handbook of Critical Discourse Studies*, London: Routledge, 2018.

Stibbe, Arran, *Ecolinguistics: Language, Ecology and the Stories We Live By*, London and New York: Routledge, 2015.

Stinesen, Baukje, Petra Sneijder and Annette Klarenbeek, "Rumour construction on social media. A discursive psychological analysis of tweets concerning a missing case", *Tijdschrift voor Communicatiewetenschap*, Vol. 44, No. 4, 2016.

Stoffregen, Thomas A., "Breadth and Limits of the Affordance Concept", *Ecological Psychology*, Vol. 16, No. 1, 2004.

Stöckl, Hartmut and Sonja Molnar, Eco-advertising: The linguistics and semiotics of green (-washed) persuasion, in Fill, Alwin F. and Hermine Penz, eds., *The Routledge Handbookof Ecolinguistics*, London: Routledge, 2018, pp. 261 – 276.

Thomashow, Mitchell, *Ecological identity: Becoming a Reflective Environmentalist*, Massachusetts: The Massachusetts Institute of Technology Press, 1995.

Trampe, Wilhelm, Language and ecological crisis: Extracts from a dictionary of industrial agruiculture, In Fill, Alwin and Peter Muhlhausler, eds., *The Ecolinguistics Reader Language, Ecology, and Environment*, London: Continnum, 2001, pp. 232 – 240.

Van Lier, Leo, *Interaction in the Language Curriculum: Awareness, Autonomy, and Authenticity*, Harlow: Longman, 1996.

Van Lier, Leo, *The Ecology and Semiotics of Language Learn-ing: A Sociocultural Perspective*, Boston: Kluwer Ac-ademic, 2004.

Vygotsky, lev. s., *Mind in Society: The Development of Higher Psychological Processes*, Harvard university, 1978.

Wang, Hua, Debra L. Safer, Maya Cosentino, Robin Cooper, Lise Van Susteren, Emily Coren, Grace Nosek, Renee Lertzman, Sarah Sutton, "Coping with eco-anxiety: An Interdisciplinary Perspective for Collective Learning and Strategic Communication", *The Journal of Climate Change and Health*, Vol. 9, 2023.

Weigert, Andrew J., *Self, Interaction, and Natural Environment: Refocusing Our Eyesight*, New York: Suny Press, 1997.

Wilkins, Julia, "The Development of a Scale to Explore the Multidimensional Components of Good Student-teacher Relationships", *Education Research and Perspectives*, Vol. 41, 2014.

Willermark, Sara and Anna Sigridur Islind, *Seven educational affordances of virtual classrooms*, *Computers and Education Open*, Vol. 3, December 2022.

William W. Gaver, "Technology Affordances", paper delivered to the Proceedings of the SIGCHI conference on Human factors in computing systems, *New Orleans*, LA, USA, April 27 – May 2, 1991.

Wodak, Ruth, "Politics as usual: Investigating political discourse in action", In Handford, Michael and James Paul Gee, eds, *The Routledge Handbook of Discourse Analysis*, London: Routledge, 2013, pp. 525 – 540.

Yi, Zou, Feng Jinchao, Xue Dayuan, Sang Weiguo and Jan Axmacher, Insect Diversity: Addressing an Important but Strongly Neglected Research Topic in China, *Journal of Resources and Ecology*, Vol. 2, No. 3, 2011.

Yuan Chuanyou, "A battlefield or a lecture hall? A contrastive multimodal discourse analysis of courtroom trials", *Social Semiotics*, Vol. 29, No. 5, 2019.

Zhou, Wen and Denise Chen, Sociochemosensory and Emotional Functions, *Psychological Sciecne*, Vol. 20, No. 9, 2009, http://doi.org/10.1111/j.1467 – 9280.2009.02413.x.